Frische Fische
Das Kochbuch für Angler

Christer Johansson
Mary Paz G. Bueno

KOSMOS

Umschlaggestaltung eStudio Clamar,
unter Verwendung eines Fotos von CMA-Fotoservice

Unser gesamtes lieferbares Programm und viele
weitere Informationen zu unseren Büchern, Spielen,
Experimentierkästen, DVDs, Autoren und Aktivitäten
finden Sie unter **www.kosmos.de**

Gedruckt auf chlorfrei gebleichtem Papier

MIX
Papier aus verantwortungsvollen Quellen
FSC® C084279

ISBN: 13-978-3-440-12091-0

Texte und Fotos: Christer Johansson
Rezepte: Mary-Paz G. Bueno
Lektorat: Richard Lütticken
Layout: Klaus Kuisys
Printed in Slovakia / Imprimé en Slovaquie

Autor Christer Johansson angelt von Kindheit an. Sein zweites Hobby ist die Fotografie.

Koch-Künstler

Köchin Mary-Paz G. Bueno teilt die Angelleidenschaft ihres Mannes.

Angeln kennt keine Grenzen. Und Liebe geht durch den Magen. Wenn es noch eines Beweises für diese beiden Thesen bedurft hätte, dann kann ihn dieses Kochbuch erbringen.

Chefköchin Mari-Paz G. Bueno stammt aus Spanien, ihr Ehemann, „Testesser" und Fotograf Christer Johansson aus Schweden. Beide haben eine Vorliebe für deutschen Wein (der ja auch prima zu Fischgerichten paßt), und die meisten Fische für ihre Rezepte haben sie selbst gefangen. In Schweden, Spanien, Dänemark, Deutschland und wo sonst einen die Reiselust und ein mit Angelgerät gespicktes Wohnmobil hinzubringen vermögen. Wer gern reist, der probiert auch gerne Neues. Und so werden Sie in diesem Buch eine ganze Reihe neuer Gerichte finden. Lassen Sie sich verführen zu ungewöhnlichen Menüs, zu Hecht in Erdnuß-Soße, zu Zander-Pastete und Peking-Barsch.

Alle Tage ist kein Festtag. Deshalb bieten Ihnen unsere Autoren natürlich auch schnelle Rezepte für den Alltag an fritierte Filets, Suppe für kleine Fische, Fisch-Burger und Fisch-Pizza.

Dreifaches Vergnügen ist also garantiert: erst beim Fang der Fische, dann bei der Zubereitung, schließlich beim Essen.

Guten Fang und guten Appetit wünscht Ihnen Ihr

Richard Lütticken

Inhalt

VIÑA
TONDONIA

Die ganze Beschaulichkeit des Angelns, eingefangen von Christers Kamera. Doch die Ruhe trügt: Der Biß eines Fisches läßt den Adrenalin-Spiegel sprunghaft

Gesund und lecker

Fisch ist eines der ältesten Nahrungsmittel der Menschheit. Und heute so modern wie nie. Denn Fisch ist nicht nur lecker, sondern auch gesund - für Herz, Kreislauf und Nerven.

Wasser, der Ursprung allen Lebens. Für Angler nicht nur ein Hort der Entspannung, sondern auch Quell wertvoller Nahrung. (Großes Bild)

Fische besaßen fast in allen Kulturen einen hohen Stellenwert. In der antiken Mythologie und im alten Ägypten wurden Fische als Götter verehrt. Man bereitete erlesene Fischgerichte und genoß sie bei rituellen Feiern.

Seit Urzeiten haben Fische Köche und Küchenchefs zu Meisterwerken beflügelt, um den wählerischen Geschmack von Gourmets zufriedenzustellen. Die Menschen in der Antike waren große Feinschmecker. Angeblich gab es Leute, die aus dem Geschmack des Fisches sagen konnten, wo er gefangen worden war.

Wahrscheinlich waren die alten Griechen so gesund, weil sie sich reichlich von Fisch ernährten. Vor allem die Bewohner Athens waren bekannt für ihren hohen Konsum von Fischen aus dem nahen Mittelmeer. Das führte zu einer Reihe von Verordnungen und Gesetzen für Fischhändler. Eine Regel besagte, daß sich ein Fischhändler nicht setzen durfte, bis er alle Fische verkauft hatte. Die Folge: Kein Händler wagte es, den Preis zu erhöhen, da niemand so lange stehen wollte.

Die griechische Küche war bekannt für ihre Fischgerichte, die sich außer durch Fisch noch durch drei weitere Zutaten hervortat: Olivenöl, Salz und aromatische Gewürze (davon mehr im übernächsten Kapitel).

Die Tradition, sehr viel Meeresfisch zu essen, ist in den Mittelmeerländern ungebrochen. In den meisten größeren Supermärkten in Griechenland und Spanien findet man gewöhnlich einen Fischstand, hinter dem sich die Fischtheken in den nordeuropäischen Läden nur verstecken können.

Daß bei uns vergleichsweise wenig Fisch gegessen wird, ist ein Fehler, nicht nur aus der Sicht der Fischhändler, sondern auch der Ärzte und Ernährungsberater.

Fisch enthält sehr viel Protein mit den verschiedenen Aminosäuren, aus denen sich Eiweiß zusammensetzt. Außerdem enthalten alle Fische mehrfach ungesättigte Fette,

Andere müssen beim Fischhändler viel bezahlen, – ein Angler fängt sich seine Fische selbst. Und weiß das angesichts steil steigender Marktpreise doppelt zu schätzen.

besonders die Omega 3-Fettsäuren. Dank dieser Öle wird das Leben im Meer erst ermöglicht. Man findet sie besonders im Fett von Kaltwasserfischen wie Hering, Makrele und Lachs.
Einige Wissenschaftler erklären unseren Bedarf an ungesättigten Fettsäuren mit unserer Herkunft. Danach stand die Wiege des Menschen in Küstennähe, und der Ur-Mensch hat seine Ernährung im wesentlichen aus dem Meer bestritten. Die Versorgung mit Algen, Fischen und Seehunden hat dabei geholfen, daß das menschliche Gehirn sich weiter als das anderer Säugetiere entwickelte. Die mehrfach ungesättigten Fettsäuren aus dem Meer sind demnach der wichtigste Baustein der Menschheit.
In Ländern, wo öfter Fisch auf der Speisekarte steht, sind die Menschen gesünder als in Ländern, in denen man sich hauptsächlich von Fleisch ernährt. Unter anderem findet man in ersteren eine bemerkenswert niedrige Quote an Herz- und Gefäßerkrankungen, eine direkte Folge der cholesterin-armen Fischfette. Es ist also kein Geheimnis mehr: Fisch ist Gehirnnahrung und hilft dem Gedächtnis auf die Sprünge.
Das Fischfett zum Beispiel eines Lachses senkt die Konzentration der schädlichen Blutfette (Cholesterin und Triglyzeride) und verdünnt das Blut. Dadurch wird ein zu hoher Blutdruck abgesenkt. Chronische Hautkrankheiten wie Neurodermitis haben sich nach regelmäßiger Einnahme von mehrfach ungesättigten Fetten spürbar gebessert. Die Mediziner sind sich einig, daß der regelmäßige Genuß von Fisch Herz- und Gefäßkrankheiten vorbeugt.
Der Fettgehalt im Fisch schwankt zwischen drei und dreiunddreißig Prozent. Besonders fettreiche Fische sind Hering, Makrele, Lachs und Aal. Der Aal hat den höchsten Fettgehalt, während Felchen und Maränen nur um die drei Prozent Fett aufweisen. Heringe aus der Ostsee haben einen Fettgehalt von neun Prozent, Heringe aus der Nordsee, dem Kattegat und Skagerrak haben einen doppelt so hohen Fettgehalt.
Fettreiche Fische liefern außerdem große Mengen an fettlöslichen Vitaminen wie Vitamin A, B, D und E, aber auch Mineralstoffe wie Phosphor, Fluor oder Selen, um nur die wichtigsten zu nennen. Darüber hinaus sind Salzwasserfische einzigartige Quellen für die Versorgung mit Jod.
Als Angler ist man also gesundheitlich im Vorteil, da man öfter Fisch ißt. Zudem ist der Fisch fangfrisch, und so sollte man ihn auch, wie wir gleich sehen werden, am besten verarbeiten.

Frische Fische, freie Auswahl. Immer mehr Verbraucher haben den Wert der Nahrung aus Meer und See erkannt und steigen auf Fischgerichte um.

Für den Kochtopf ist dieser kapitale Karpfen sicher zu groß. Aber wir Angler messen den Wert eines Fisches ja nicht nur in Mark und Pfennig. Dieser hier war im Drill sicher jede Anstrengung wert.

Je eher, desto besser

Solange ein Fisch am Leben ist, ist sein Fleisch fast frei von Bakterien. Deshalb muß der Angler sofort nach dem Fang die richtigen Maßnahmen ergreifen, damit der Fisch genießbar bleibt.

Je schneller man sie verwertet, desto besser schmecken die meisten Fische. Vor allem Salmoniden, wie hier Äsche und Forelle, sind empfindlich und verderben leicht.

Weil Fisch schneller verdirbt als andere Lebensmittel, muß er so schnell wie möglich versorgt werden. Besonders bei Wärme vermehren sich die Fäulnisbakterien sehr schnell. Allerdings bestehen unterschiedliche Auffassungen darüber, ob man den Fisch unmittelbar nach dem Fang ausnehmen soll. Die Totenstarre, die schon bald nach dem Abschlagen eintritt, ist oft eine bessere „Konservierung" als die halbherzige Verarbeitung. Vor allem sollte der Fisch kühl und trocken gelagert werden. Die immer noch viel benutzten Plastiktüten zum Transport der Beute sind im wahrsten Sinne des Wortes Gift für das Fischfleisch.
Überlegen Sie mal! Behandeln Sie Fisch mit derselben Sorgfalt wie andere Lebensmittel, die Sie im Supermarkt kaufen? Wie oft lassen Sie Koteletts oder Leberwurst an warmen Tagen offen auf dem Küchentisch liegen? Überhaupt nicht. Leicht verderbliche Lebensmittel wandern sofort in den Kühlschrank, sobald wir vom Einkauf zurück sind. Auf der anderen Seite bleibt ein Hecht oft unbedacht bei sengender Hitze im Boot liegen. Oder wir legen den Fisch ins Gras, wo er schon bald von Ameisen und Fliegen besucht wird... Wenn wir zum Meeresangeln auf Dorsch und Makrele fahren, werden die Fische oft achtlos in Plastikeimer geworfen, wo sie dann stundenlang liegen bleiben. Im besten Fall werden die Fische ausgenommen, wenn der Kutter die Heimreise antritt. Aber dann hat der Fisch schon viel von seiner Substanz verloren. Selbst kommerzielle Fischer dürfen ihren Fang nicht so behandeln. Lebensmittel-Vorschriften bestimmen, daß die Fische sofort mit Eis bedeckt werden müssen. Außerdem empfehlen skandinavische Behörden, Fische bei höchstens 2 Grad Celsius zu verarbeiten.

Der delikate Saibling sollte sofort nach dem Fang ausgenommen werden. Die Leibeshöhle wird mit frischen Birkenblättern ausgestopft.

Alle Fische, die für den Verzehr bestimmt sind, sollten sofort abgeschlagen werden, wenn wir keine Möglichkeit haben, sie zu hältern. Sie sollten große Fische auch ausbluten lassen. Das geschieht am besten, indem Sie die Kiemenbögen oder das Rückgrat des Fisches mit einem Messer durchtrennen. Der Fisch wird dann mit dem Kopf nach unten aufgehängt. Durch diese einfache Prozedur bleibt das Fleisch des Fisches länger haltbar. Besonders gilt das für Salmoniden oder dorschartige Fische. Diese Fische muß man einfach ausbluten lassen, damit sie nicht so schnell verderben.

Alle Fische müssen so sauber wie möglich ausgenommen werden. Entfernen Sie die Kiemen, die Innereien und den Nierenstrang entlang des Rückgrats. Säubern Sie dann den Fisch ordnungsgemäß und wickeln Sie ihn in Küchenpapier. Vermeiden Sie das Abspülen des Fisches im Fluß oder See, weil Wasser immer viele Bakterien enthält.

Dann wird der Fisch an einem kühlen, schattigen Platz gelagert, entweder in frische Blätter (zum Beispiel vom Pestwurz) oder in ein feuchtes Tuch gewickelt, damit das Fleisch nicht auslaugt. Ein Fisch, der so versorgt wird, hält sich je nach Außentemperatur einige Stunden. Auf einem Kutter sollten Sie den Fisch ausgenommen in einer Fischkiste an einem schattigen Ort lagern. Wenn möglich, sollten Sie den Boden der Kiste schon vor dem Auslaufen des Kutters mit frischen Zweigen und Blättern auslegen. Um den Fisch noch besser zu kühlen, empfiehlt sich ein feuchter Jutesack über der Fischkiste.

Eine kaum bekannte Methode, mit der Sie Ihren Fisch haltbar machen können, ist, ihn mit einer Mischung aus Wasser und Essig (Verhältnis 2 zu 1) zu übergießen. Wenn Sie

Raus aus der Sonne mit den Makrelen! Sie verlieren nicht nur ihre Perlmutt-Färbung, sondern verderben auch leichter als andere Fische.

länger am Wasser bleiben, lohnt sich also - besonders in der warmen Jahreszeit -, eine Flasche Essig mit zum Angeln zu nehmen. Das Risiko, daß der Fisch nach Essig schmeckt, ist sehr gering, wenn wir den Fisch zu Hause dann mit fließendem Wasser abspülen.

Bewährt hat es sich auch, den Fisch mit Salz haltbar zu machen. Wenn wir Heringe oder Makrelen einsalzen wollen, machen wir das am besten schon auf dem Kutter, wenn die Fische noch frisch sind.

Unterschiedliche Fische müssen unterschiedlich versorgt werden. Lachse, die während ihres Laichzuges in die Flüsse gefangen werden, brauchen nicht sofort ausgenommen zu werden, da die Fische nichts gefressen und somit keine Fäulnisbakterien in der Bauchhöhle haben. Wenn wir einen solchen Fisch sofort ausnehmen, öffnen wir den Bakterien Tor und Tür. Lachse, die im Meer gefangen werden, müssen, wie jeder andere Fisch, sofort versorgt werden.

Das Versorgen von Haien ist ein Kapitel für sich. Im Blut von Haien ist eine Substanz enthalten, die sich schnell zersetzt und im Fleisch einen unangenehmen Ammoniak-Geschmack hinterläßt. Um einen Hundshai für die Küche zu verwerten, muß man ihn sofort ausnehmen und ausbluten lassen.

Viele glauben, je eher Fisch in der Pfanne landet, desto besser sei sein Geschmack. Das stimmt nicht ganz. Nur Wittling und Äsche sollten noch am selben Tag auf dem Tisch serviert werden, damit der optimale Geschmack erhalten bleibt. Andere Fische wie Lachse, Forellen und Seezungen schmecken viel besser, wenn sie vor dem

Kochen erst ein oder zwei Tage abgehangen sind.
Einen frischen Fisch erkennt man daran, daß er kaum riecht. Er ist mit durchsichtigem Schleim bedeckt, und die Kiemen sind hellrot. Das Fleisch ist fest. Die Augen sind klar und noch nicht eingefallen, die Afteröffnung ist leicht rötlich gefärbt.
Die Kühlbox ist der einfachste und billigste Weg, Fische sicher vom Wasser auf den Tisch zu bekommen. Man kann eine einfache Kühlbox verwenden. Wenn man den Boden mit Eis oder mit Kühlelementen bedeckt, bleiben die Fische einen ganzen (Angel)-Tag lang frisch. Andererseits gibt es auch kleine tragbare Kühlschränke, die mit einer 12 Volt Auto- oder Bootsbatterie betrieben werden. Solche Modelle für Camper und Urlauber sind zu annehmbaren Preisen erhältlich.
Früher war es bei uns in Skandinavien üblich, gefangene Hechte und Zander am Ufer „anzuleinen“. Ein einfacher Eisenring wurde durch den Unterkiefer des Fisches geführt, die Leine dann einfach um einen Baum gewickelt.
Nicht nur Hechte und Zander, sondern auch Lachse kamen so frisch auf den Tisch. Auf diese Weise war an besonderen Feiertagen oder Familienfesten immer für frischen Lachs gesorgt. Ein starkes Tau wurde dem Fisch um die Wurzel der Schwanzflosse gebunden, welches dann an einem Pfahl am Ufer befestigt wurde. Manchmal geschah es, daß ein Lachs das Tau sprengte.
Besonders schlimm erging es einem Lachs, der entkam, um ein Jahr später vom gleichen Fischer in einer Fischfalle erneut gefangen zu werden. Daß diese Geschichte kein Scherz ist, sieht man an der Schwanzflosse dieses Lachses, die in der Sydkraft Lachszucht in Laholm in Südschweden ausgestellt ist. Der Lachs trug noch die Leine um die Schwanzwurzel, als er zum zweiten Mal gefangen wurde. So konnte der Fischer seinen „Ausreißer“ sofort identifizieren.
Solche rustikalen Methoden des Hälterns sind heute zum Glück nicht mehr gebräuchlich. Andere Methoden hingegen sind meines Erachtens zu Unrecht umstritten. Ein Hälternetz ist wohl die älteste und bewährteste Methode, um einen Fisch frisch zu halten. Leider sind Setzkescher in Deutschland ins Gerede gekommen und in einigen Bundesländern ausdrücklich verboten. Dabei ist ein (versteifter und geräumiger) Setzkescher mit knotenlosen Maschen erwiesenermaßen unschädlich für die Fische.

Große Fische wie diesen Lachs muß man ausbluten lassen. Nach dem Kehlschnitt werden sie mit dem Kopf nach unten aufgehängt.

Auch ein Boot mit einem gut durchlüfteten Fischkasten garantiert wirklich frischen Fisch. Angler, die an ihrem Gewässer wohnen, haben oft einen Fischkasten am Bootssteg. Auf diese Weise können sie ihre Fänge über längere Zeit frisch halten.
An den „Hundstagen“ im Sommer überleben Fische aber auch im Fischkasten nicht lange. Besonders Hechte, die im Tiefen gefangen wurden, sterben schnell im warmen Oberflächenwasser. Da ist es besser, den Fisch gleich zu töten.

Mehr als eine Prise Salz

Den delikaten Geschmack von Fisch kann man steigern. Kräuter und Gewürze bringen Abwechslung in die Küche.

Schon die alten Wikinger würzten ihre Mahlzeiten mit aromatischen Pflanzen. Die rauhen Nordmänner waren die ersten, die von ihren Raubzügen auch fremde Kräuter und Gewürze mitbrachten. Thymian war eines dieser Kräuter, - bis heute sehr beliebt in der Fischküche. Die Kräuter sollten den oft etwas faden nordischen Mahlzeiten mehr Geschmack verleihen; bis dahin hatte man nur mit Salz und einigen einheimischen Kräutern gewürzt. Natürlich waren unsere barbarischen Vorfahren auch gute Fischer, und vielleicht wurden die ersten Fischrezepte von diesen Met trinkenden Kriegern überliefert.

Seit der Wikingerzeit hat sich vieles verändert. Neue Kulturen haben sich aufgetan, und heute findet man viele exotische Gewürze auf dem Markt. Allerdings weiß man oft nicht, wie man unbekannte Gewürze dosieren soll. Am besten fängt man mit nur einer kleinen Prise an, wenn man das Gewürz nicht kennt.

Gut gewürzte Speisen müssen nicht im Hals brennen, Kopfjucken verursachen oder dafür sorgen, daß einem der Schweiß aus allen Poren läuft. Im Gegenteil: Gewürze sollen den Geschmack auf eine angenehme Art verstärken. Gewürze sind wie die Farben auf der Palette des Künstlers. Mit ihnen übertüncht man das dunkle Grau und schafft eine Welt voll neuer Farben. Ein gut gefülltes Gewürzregal läßt das Kochen zu einer aufregenden Sache werden.

Pfeffer und Salz, die gebräuchlichsten Gewürze, sind auch in der Fischküche unentbehrlich. Außerdem gehören Dill, Petersilie, Zwiebeln und Zitronen zu den

Angler haben's gut: Mutter Natur liefert ihnen auch gleich noch die Zutaten zum Fisch frisch auf den Tisch.

Eine liebevolle Dekoration trägt zum Genuß der Mahlzeit bei (oben). Und selbstgesammelte Kräuter steigern das Vergnügen (rechts).

Dingen, ohne die ein Fischkoch nicht auskommt, obwohl die letzten beiden nicht zu den Gewürzen im engeren Sinne zählen.
Eine alte Küchenregel besagt, daß die Pflanzen, die vor allem in Küstennähe wachsen, sich am besten zur Zubereitung von Meeresfischen eignen. Solche Fische würzt man mit Fenchel oder Schnittlauch. Bei Süßwasserfischen versuchen Sie s doch einfach mal mit Brunnenkresse, Wasserminze, Kampfer und Zitronenkraut.
Milde aromatische Gewürze eignen sich besonders für Kochfisch. Der volle, aber doch eigene Geschmack solcher Gerichte verträgt keine zu starken Gewürze.
Thymian und Wacholder gehören zu den erlesensten Fischgewürzen. Außerdem noch Rosmarin, Estragon, Lorbeer, Majoran, Basilikum und Koriander. Man gibt die Gewürze direkt auf den Fisch, in die Soße oder das Dressing. Sie verwandeln eine einfache Fischmahlzeit in einen Festschmaus.
Beim Bratfisch gibt man die Kräuter erst am Ende des Bratvorgangs zu, um den Fisch noch schmackhafter zu machen. Wenn die Kräuter gebraten werden, verlieren sie ihr feines Aroma und werden bitter. Füllt man allerdings die Bauchhöhle des Fisches mit Kräutern oder legt die Kräuter zwischen die Fischfilets, kann man sie schon am Anfang des Bratens zugeben.
Als Füllung für Bratfisch eignen sich würzige Pilze wie Pfifferlinge. Auch Rosinen, Mandeln, Lauch oder Zwiebeln sind für eine Füllung geeignet.
Wichtig ist aber auch, daß man ein gutes Fett zum Braten verwendet. Ich selbst bevorzuge Olivenöl. Das milde Öl bringt den individuellen Geschmack jedes Fisches am besten zur Geltung. Wenn man Butter oder Margarine verwendet, geht dieser Geschmack oft verloren. Außerdem wird das erhitzte Olivenöl nur in geringem Maße vom Fisch absorbiert, was bei anderen Bratfetten nicht der Fall ist.
Sonnenblumenöl mit seinem neutralen Geschmack ist eine gute Alternative, wenn man kein Olivenöl zur Hand hat. Tomatenscheiben in Öl mit verschiedenen Gewürzen ergeben einen exzellenten Fond, in dem man den Fisch braten kann.
Gegrillten Fisch genießt man am besten im Freien, am Lagerfeuer oder am Wasser, zumal man beim Grillen doch mit mehr Rauch als Feuer zu kämpfen hat. Im Freien aber läßt der Geruch des Fisches einem das Wasser im Mund zusammenlaufen. Grillfisch riecht nicht nur gut, sondern er schmeckt auch so!
Besonders gut zum Grillen eignen sich saftige Fische wie Regenbogenforellen, Meerforellen, Lachse, Makrelen, Sardinen. Um das beste Ergebnis zu erzielen, verwendet man bevorzugt einen offenen Grill. Zur Not tut es aber auch eine Bratpfanne. Man salzt den Fisch mit grobem Salz, gibt etwas Öl in die Pfanne und hängt sie über das Feuer. Der Fisch wird auf beiden Seiten gegrillt. Die Garzeit ist abhängig von der Größe des Fisches und von der Hitze.
Wollen Sie den Fisch panieren, geben Sie dem Paniermehl oder dem Mehl etwas grob gemahlenen Pfeffer, Mußkatnuß, gemahlene Paprika, Aniskörner, Fenchel und Dill bei. Der Fisch wird vor dem Braten erst in dieser

Mischung gewälzt, dann durch eine Öl-, Salz- und Pfeffermischung gezogen.
Für viele Rezepte braucht man eine Fischsoße, die man über den fertigen Fisch gibt. Für die Soße erhitzt man einige Kräuter mit etwas Sahne oder Crème fraîche, Pilzen, Blauschimmelkäse und einem Schuß Weißwein oder etwas Zitronensaft. Wer es gern schärfer mag, nimmt etwas Curry- oder Chili-Pulver oder einige Spritzer Tabasco. Aber seien Sie vorsichtig. Sehr leicht kann man sich mit scharfen Gewürzen den feinen Fischgeschmack verderben - deshalb nehmen Sie lieber etwas weniger als zuviel.
Die Grundlage für die meisten Fischsuppen ist eine saftige, kräftige Brühe. Viele nehmen dazu einfach Fleischextraktwürfel oder einen Fischfond, den man fertig kaufen kann. Feinschmecker bereiten selbst eine Brühe aus Fischköpfen, Flossen und Rückengräten, die zusammen mit Gewürzen und einem Schuß Wein aufgekocht werden. Bei geschlossenem Deckel lassen Sie die Brühe auf niedriger Flamme etwa 20 Minuten lang köcheln. Gießen Sie dann die Brühe ab. Die Fischbrühe läßt sich gut einfrieren und bei Bedarf weiterverarbeiten.
Für die Fischbrühe braucht man Gräten und Köpfe von etwa 2 Kilo Fisch.

ZUTATEN:

350 ml Wasser
350 ml trockenen Weißwein
2 mittelgroße Zwiebeln, geviertelt
1 kleine Lauchstange, in Stücke geschnitten
einige Zitronenscheiben
1 Teelöffel fein gemahlener Paprika
1 Lorbeerblatt
1 Teelöffel Salz
6 Gewürznelkenkörner
6 weiße Pfefferkörner
Thymian, Dill und Petersilie.

Wenn die Fische längere Zeit kochen sollen, binden wir die Kräuter zusammen, damit keine Stengel oder Blätter in der Suppe zurückbleiben. Ein solches Bund besteht dann aus Lorbeerblättern, Petersilie, Thymian, Basilikum und Schnittlauch. An Gemüse nimmt man Lauch, Paprika, Zwiebeln und Knoblauch.

Oliven: Aus ihnen wird eine der wichtigsten Zutaten für die Fischküche gepreßt. Erstklassiges Olivenöl verbessert jedes Gericht.

Ein Schuß Madeira und Sherry verleihen der Fischsuppe die besondere Note. In Frankreich nimmt man natürlich einen Schuß Cognac. Eine Prise Safran gibt der Suppe eine angenehme Farbe.

Um Soßen, Dressing oder Mayonnaise noch schmackhafter zu machen, nimmt man Zitronenkraut, Minze und Estragon. Ein Eßlöffel Dijon-Senf sorgt für etwas mehr Schärfe. Ebenso eine ausgepreßte Knoblauchzehe.

Eine Marinade basiert gewöhnlich auf Wein, Zitronensaft oder Essig. Außerdem kann man zerhackte Zwiebeln, Knoblauch, Lauch, Olivenöl und Gewürze beigeben, je nach Geschmack. Eine Marinade ist immer offen für Improvisationen. Im allgemeinen gibt eine Mischung aus trockenem Weißwein und Kräutern unserem Fischgericht die besondere Note. Deshalb wird Wein immer wieder bei der Fischzubereitung empfohlen. Selbst Antialkoholiker brauchen den Wein nicht wegzulassen, denn der Alkohol verflüchtigt sich während des Kochens. Die Würze des Weins bleibt erhalten.

Man serviert den fertigen Fisch mit Kapern, die für einen kräftigen besonderen Geschmack sorgen. Man kann ihn aber auch mit dünnen Avocado-, Mango- oder Papayascheiben garnieren. Unerläßlich aber sind Zitronenscheiben und ein Salat aus frischem Gemüse. Wenn man dann noch für einen gut gekühlten Muskatwein, einen Moselwein oder einen Wein aus dem Elsaß sorgt, wird die Mahlzeit zum Festschmaus. Dazu später mehr.

Mehr als bloße Dekoration: Ohne Zitronen geht nicht viel in der Fischküche.

„Wacholder für fettreiche Fische, Meerrettich zum Hecht." Wer sagt, daß es nicht auch umgekehrt schmeckt. Lassen Sie Ihre Phantasie spielen. In der Fischküche gibt es keine Regeln, weil Geschmäcker bekanntlich verschieden und Schwankungen unterworfen sind.

Finden Sie heraus, was Ihnen am besten schmeckt. Versuchen Sie eigene Kreationen. Machen Sie reichlich Gebrauch von Ihrem Gewürzbord, damit Hecht, Zander und Dorsch in neuen Varianten auf den Tisch kommen.

Ein paar Vorschläge machen wir Ihnen im folgenden.

Da lacht das Anglerherz: Deutschlands beliebtester Angelfisch ist der Hecht. Doch in der Küche wird der Räuber mit dem Enten-schnabel immer noch von vielen unterschätzt.

BOMBER

Nicht schlecht, der Hecht

Wie steht es mit dem Hecht als Speisefisch? In Irland und Skandinavien mögen viele den Hecht nicht so gern. Dort gelten nur Salmoniden als Speisefische, Hechte sind „Minderfische". Im übrigen Europa sieht man das anders. Gott sei Dank!

Fest im Griff. Der hier hat gerade die richtige Größe für ein Festmenü mit der Familie.

In einigen Ländern gilt der Hecht sogar als kulinarischer Höhepunkt. In den Restaurants im Elsaß gehört Hecht zu den Spezialitäten des Hauses. Hier sind Hechtklößchen mit einer leckeren Sauce eine Delikatesse. In Italien ißt man geschmorten Hecht in sahniger Gorgonzola-Sauce.

Weil die Nachfrage nach Hechten in diesen Ländern größer als das Angebot ist, werden viele Hechte aus Schweden nach Frankreich und Italien exportiert. Am besten schmeckt der Brackwasser-Hecht der Schären, vielleicht auch, weil er sich hauptsächlich von Heringen ernährt. Außerdem ist der leicht modrige Geschmack, der vielen Süßwasserfischen eigen ist, bei den Schären-Hechten nicht vorhanden.

Die Futterfische und die Gewässerqualität entscheiden mit darüber, wie ein Fisch schmeckt. Hechte, die in dunklen, trüben Gewässern zuhause sind und die sich von kleinen Rotaugen und Rotfedern ernähren müssen, schmecken manchmal fade. Aber Hechte, die sich von Maränen, Stinten, Barschen oder Regenbogenforellen in klarem, gesundem Wasser ernähren, sind ein Festschmaus.

Fische, deren Geschmack etwas zu wünschen übrig läßt, kann man durch Gewürze „aufpeppen". Mit reifem Käse bekommt man einen sahnigen, runden Geschmack, mit einem Schuß Calvados oder Armagnac erzielt man eine pikante Note.

Hecht in Meerrettich

ZUTATEN (für 4 Personen):
1 kleiner Hecht
1 kleine Zwiebel
einige Petersilie- oder Dillstengel
1 Zitronenscheibe
einige weiße Pfefferkörner
1 1/2 Eßlöffel Salz per Liter Wasser
geriebener Meerrettich

ZUBEREITUNG:
Bringen Sie das Wasser in einem geräumigen Topf zum Kochen. Geben Sie Salz, Pfeffer und das Gemüse zu. Legen Sie den Hecht in das kochende Wasser, so daß er eben bedeckt ist. Lassen Sie den Hecht bei geschlossenem Deckel bei niedriger Hitze so lange kochen, bis sich das Fleisch von der Rückengräte löst. Servieren Sie den Meerrettich-Hecht mit Kartoffeln, zerlassener Butter und geriebenem Meerrettich.

Tip
Manchen Leuten schmeckt Hecht zu streng. Das liegt daran, daß in der Haut und im Schleim des Fisches sich modrig schmeckende Substanzen befinden, die dem Fleisch einen bitteren Geschmack verleihen. Deshalb kochen Sie einen Hecht nie, ohne vorher die Haut zu entfernen. Mit einem scharfen Filetiermesser sollte das kein Problem sein. Nach dem Ausnehmen werden Kopf und Schwanz abgetrennt, die Haut am Nacken wird vorsichtig gelöst. Dann Stück für Stück die Haut hochziehen und mit dem Messer vom Fleisch trennen. Arbeiten Sie zügig von vorn nach hinten, und führen Sie das Messer immer dicht unter der Haut entlang, damit nicht zuviel Fleisch hängenbleibt.

Hecht-Gratin

ZUBEREITUNG:

Während die Kartoffeln kochen, bereiten wir alles vor. Zuerst lassen wir die Filets zusammen mit dem Zitronensaft, dem Lorbeerblatt, Salz und Pfeffer auf niedriger Flamme 5 Minuten ziehen. Danach bereiten wir die Sauce. Schmelzen Sie die Butter in der Bratpfannne und streuen Sie Mehl dazu. Verdünnen Sie die Sauce mit der Fischbrühe. Erhitzen Sie die Sauce, und lassen Sie sie dann bei niedriger Hitze einige Minuten lang ziehen.

Vermischen Sie Eigelb und Sahne und heben Sie beides unter die Sauce. Die Sauce darf jetzt nicht kochen. Nun wird sie noch mit Salz und Pfeffer abgeschmeckt, und man gibt den fein gehackten Dill und die geschälten Krabben dazu.

Dann bereitet man die Stampfkartoffeln. Legen Sie den gekochten Fisch in eine ofenfeste Form mit einem hohen Rand. Gießen Sie den Aprikosenlikör über den Fisch und bestreuen Sie ihn mit dem geraspelten Käse. Gießen Sie zum Schluß die Sauce über den Fisch und garnieren Sie alles mit den Stampfkartoffeln. Backen Sie das Gratin bei 225 Grad auf der obersten Leiste des Ofens, bis der Hecht eine leicht braune Färbung angenommen hat.

ZUTATEN

(für 4 Personen):
1/2 Kilo Hechtfilet
Wasser
Saft einer halben Zitrone
Salz, Pfeffer,
1 Lorbeerblatt
einige Kartoffeln
Gratin-Sauce:
1/2 Kilo Krabben
2 Eßlöffel Butter
3 Eßlöffel Mehl
400 ml Fischbrühe (Brühe vom gekochten Hecht)
1 Eigelb
50 ml Sahne
Salz und Pfeffer
Dill
2 Eßlöffel Aprikosenlikör
2 Eßlöffel geriebener Cheddar-Käse

Hecht-Patée

ZUBEREITUNG:

Drehen Sie das Fischfleisch und die Sardellenfilets durch den Fleischwolf. Braten Sie die Zwiebel und die Petersilie in Butter an. Schlagen Sie das Ei auf und vermengen Sie es mit dem Fleisch und den anderen Zutaten. Schmecken Sie alles mit Pfeffer und Salz ab.

Bestreichen Sie eine mit Teflon beschichtete Backform mit Butter und geben Sie die Mischung in die Form. Bedecken Sie alles mit Alufolie und stellen Sie die Form in Wasser. Verwenden Sie dazu eine große Backform mit hohen Rändern. Im 250 Grad warmen Ofen wird der Fisch 25-30 Minuten gebacken. Entfernen Sie gegen Ende der Backzeit die Alufolie, damit das Patée eine appetitliche Färbung annimmt. Lassen Sie das Patée kalt werden, bevor Sie es aufschneiden. Servieren Sie den Hecht mit selbstgemachter Mayonnaise. In dünne Streifen geschnitten, eignet sich Hecht-Patée auch als Brotbelag.

ZUTATEN (für 4-5 Personen):
1/2 Kilo Hechtfilet
einige Sardellenfilets
1 Zwiebel (fein gehackt)
fein geschnittene Petersilie
1 Eßlöffel Olivenöl
150-200 Gramm frische, in Butter geschmorte Champignons
5 Eßlöffel Paniermehl
1/2 Eßlöffel mildes Paprikapulver
2 gehäufte Eßlöffel Crème fraîche
1 Teelöffel Zitronensaft
Salz und Pfeffer
1 Ei

Tip Für Hechtklößchen und Patée braucht man große Hechte, weil es viel einfacher ist, die Gräten aus einem großen Fisch zu entfernen. Das muß so sorgfältig wie möglich geschehen, bevor man das Fischfleisch durch den Fleischwolf dreht.

Apfelhecht

ZUBEREITUNG:

Den Fisch säubern und schuppen. Alle Flossen, außer der Schwanzflosse, bleiben dran. Das Rückgrat und die dranhängenden Gräten werden mit einem scharfen Messer entfernt. Die Äpfel werden in Schnitze geschnitten und mit dem Zitronensaft beträufelt, damit sie richtig sauer und nicht braun werden. Dann werden die Apfelstücke in den Hecht gelegt. Den Fisch nach Belieben salzen, „zuklappen" und mit feinem Baumwollgarn umwickeln (Foto). In eine gefettete, feuerfeste Form geben und auf der mittleren Leiste des Backofens bei 175 Grad rund 40-45 Minuten garen. Der Hecht ist gar, wenn sich die Rückenflosse leicht herausziehen läßt.
In der Zwischenzeit die Sahne schlagen, den Rettich raspeln und vorsichtig unterheben. Der fertige Hecht wird mit Meerrettichschnitzen garniert. Dazu gibt es Kartoffeln, einen kühlen Wein oder ein Bier.

ZUTATEN

(für 4 Personen):
1 Hecht, ca. 2 Kilo
3-4 saure Äpfel
Saft einer halben Zitrone
Salz
Schlagsahne
frischer Meerrettich

Gebackener Hecht in Erdnußsoße

ZUBEREITUNG:

Die Hechtfilets salzen und pfeffern und mit etwas Öl von beiden Seiten einige Minuten anbraten. Zwiebeln und Knoblauch schneiden und in Öl andünsten. Dann zusammen mit den anderen Zutaten (außer Salz, Pfeffer, Sahne und Öl) in einen Mixer geben. So lange verrühren, bis eine weiche, gleichmäßige Masse entsteht. Mit Pfeffer und Salz abschmecken, Öl hinzugeben.
Die Hechtfilets in eine ofenfeste Form legen, die Zutaten darüber geben und zum Schluß die Sahne hinzufügen. Den Hecht bei 225 Grad etwa eine halbe Stunde backen. Er sollte dann eine schöne goldbraune Färbung haben.

ZUTATEN (für 4 Personen):

Hechtfilets (Fisch von ca. 3 kg)
1/2 Flasche Bier
1 Zwiebel
1-2 Knoblauchzehen
Inneres eines Weißbrotes
1 Eßlöffel milder Paprika
3-4 Löffelbiskuits
3-4 Eßlöffel Erdnüsse
3 Eßlöffel Olivenöl
3 Eßlöffel Crème fraîche
eine Tasse Sahne
1 Messerspitze Rosenpaprika
Salz und Pfeffer

Hecht mit Sardellenfüllung

ZUBEREITUNG:

Legen Sie den gesäuberten und enthäuteten (siehe TIP beim Rezept für Hecht mit Meerrettich) Hecht in eine feuerfeste Form. Übergießen Sie ihn mit dem Saft einer halben Zitrone. Füllen Sie die Bauchhöhle mit den Sardellenfilets und reichlich Dill. Bestreuen Sie den Fisch mit Salz und einer großzügigen Schicht Semmelbrösel (Paniermehl). Dann ein wenig Margarine oder Öl in die Form geben, Sodawasser und Wein hinzugießen. Das Ganze im Backofen bei 225 Grad rund 40 Minuten backen.

Nach ca. 20 Minuten die Sahne und die Champignonscheiben zugeben. Beilagen nach Belieben, zum Beispiel gedünsteter und in Butter geschwenkter Zuckermais am Kolben.

ZUTATEN (für 3-4 Personen):

Hecht, ca. 2 Kilo
1/2 Zitrone
1 Glas Sardellenfilets
1 Bund Dill
Salz
Semmelbrösel
Margarine oder Öl
1 Flasche Sodawasser (0,3 l)
trockener Weißwein (0,2 l)
100 ml Sahne
200 Gramm geschnittene Champignons

Hecht im Kasten

ZUTATEN

(für 4 Personen):
1 Hecht; 1 - 1,5 Kilo
1/2 Liter Wasser
1/2 Zitrone
1 Eßlöffel Salz
2 Zwiebeln
3 Eßlöffel Öl
1 Dose geschälte Tomaten
1 Ei
1 Bund Petersilie
2 Eßlöffel Margarine
10 Gramm Semmelbrösel
Zum Garnieren:
2 hart gekochte Eier
2-3 frische Tomaten
Salatblätter
Paprika und Zitrone

ZUBEREITUNG:

Den Hecht entschleimen. In zwei Teile schneiden und in einer tiefen Pfanne mit dem Wasser, einem halben Eßlöffel Salz und dem Saft einer halben Zitrone fünf Minuten lang kochen. Noch heiß die Haut abschaben. Mit einem Pfannenwender geht das leicht. Dann das Fleisch von den Gräten lösen und in sehr kleine Stücke schneiden.
Zwiebeln schälen, in 1/2 cm große Würfel schneiden und in dem Öl fünf Minuten leicht andünsten. Wenn die Zwiebeln weich sind, die Tomaten aus der Dose und das restliche Salz zufügen und bei mittlerer Hitze einkochen, bis eine dickliche Masse entstanden ist; das dauert etwa 10 Minuten. Das Hechtfleisch für weitere fünf Minuten mitgaren.
Ein Ei schlagen und unterrühren; nach und nach kleingehackte Petersilie und die Semmelbrösel zugeben. Die Mischung in eine Backform füllen (vorher leicht einfetten und mit Semmelbrösel ausstreuen). Margarine-Stückchen auf die Mischung setzen. Bei 250 Grad im vorgeheizten Backofen 30 Minuten backen. Heiß oder kalt servieren, mit Salatblättern, Tomaten, Paprikaringen, Eierscheiben und Zitronenschnitzen garnieren.

Hechtfilet mit Pfifferlingen

ZUBEREITUNG:

Zuerst bräunen wir das Hechtfilet in Butter oder Öl leicht an. Dann wird der Fisch gepfeffert und gesalzen. Die garen Filets legt man in eine mit Butter bestrichene ofenfeste Form.
Hacken Sie die Pfifferlinge und die Zwiebel und braten Sie beides bei niedriger Hitze leicht an. Wenn die Zwiebel weich geworden ist, schütten Sie die Mischung über den Fisch. Vermischen Sie Sahne, Fischextraktwürfel, Wein und Dill. Erhitzen Sie alles auf niedriger Flamme. Schmecken Sie die Sauce mit Pfeffer und Salz ab. Gießen Sie nun die Sauce über den mit Pfifferlingen und Zwiebeln bedeckten Fisch. Erhitzen Sie das Gericht für 5-10 Minuten auf 250 Grad.
Während dieser Zeit stellen wir die frisch gekochten Kartoffeln und einen vitaminreichen Salat auf den Tisch. Außerdem reichen wir noch einige Zitronenschnitze für diejenigen, die mehr Saft auf ihren Fisch mögen.

ZUTATEN (für 4 Personen):

400 Gramm Hechtfilet
100-150 Gramm gedünstete Pfifferlinge
1 Zwiebel
250 ml Schlagsahne
1/2 Fischextraktwürfel
10 ml trockener Weißwein
Butter oder Öl
1-2 Eßlöffel gemahlener Dill
Zitrone, Salz, schwarzer Pfeffer

Gebackener Hecht mit pikanter Soße

ZUBEREITUNG:

Filetieren Sie den Hecht. Schneiden Sie die Filets in handliche Stücke. Salzen Sie sie und ziehen Sie sie dann nacheinander durchs Mehl, durchs Eigelb und durch das Paniermehl.

Erhitzen Sie die Butter in einer großen Pfanne und braten Sie den Fisch von beiden Seiten bei mittlerer Hitze etwa 8 Minuten. Vermischen Sie Mayonnaise und die Sour Cream zusammen mit dem zerhackten Ei und dem Dill. Schmecken Sie die Soße mit Weinessig und Zucker ab.

Serviert wird der Fisch mit der pikanten Soße, Kartoffeln und Zitronenscheiben.

ZUTATEN

(für 4 Personen):

1/2 Kilo Hechtfilet
100 Gramm Paniermehl
1 Ei
50 Gramm Mehl
1 Zitrone
3 Eßlöffel Butter

Für die Soße:

100 Gramm Mayonnaise
50 Gramm Sour Cream
1 hart gekochtes Ei (zerhackt)
1 Bund fein gehackter Dill
2 Teelöffel Weinessig
1 Teelöffel Zucker

Ein Fisch erobert Europa. Seit Angler entdeckt haben, welche Köder den Zandern schmecken, ist der stachlige Räuber einer der begehrtesten Angelfische.

Der Zander - stachlige Delikatesse

Als Speisefisch genießt der Zander unter den Süßwasserfischen einen hohen Stellenwert - und das mit Recht.

Der Zander ist nicht nur ein beliebter Fisch, den man mit Twister, Spinner oder Köderfisch fängt. Er ist wohl auch der beste unserer Speisefische. Er schmeckt angenehm mild ohne den herben Geschmack, den man sonst oft bei Süßwasserfischen findet. Außerdem ist das Zanderfleisch fest und fast grätenfrei.

Am Plattensee in Ungarn schneidet man den Zander in Koteletts, zieht ihn durch Eigelb und Paniermehl und brät ihn dann in Sonnenblumenöl. In Deutschland liebt man den Zander gebraten oder im Ofen gebacken. In Frankreich gibt es fantastische Zanderrezepte, die je nach Region variieren. In Nordamerika liebt man sahnige Dips und verschiedene Dressings zum Fisch. Der Fisch wird dort filetiert und dann gekocht oder gebraten.

Zanderfleisch harmoniert mit vielen Gewürzen. Man muß aber mit den Zutaten vorsichtig sein, damit der Zander nicht seinen eigenen Geschmack einbüßt. Milder Käse, Pilze und Kräuter, etwas Weißwein, Salz und eine Prise Pfeffer sind geeignet, um einen Zander stilgerecht auf den Tisch zu bringen. Wegen seiner dicken Haut kann man den Zander auch gut grillen.

Da strahlt die Köchin. Zander schmecken einfach köstlich, gekocht wie gebraten.

Zander mit Schwips

ZUBEREITUNG:
Die Zander ausnehmen und schuppen. Kopf und Flossen nicht entfernen. Innen salzen. Eine große feuerfeste Form mit Butter einreiben und die Fische hineinlegen. Butterstücke auf dem Fisch verteilen und ihn langsam mit dem Calvados übergießen (5-7 Schnapsgläser voll). Damit die Fische den Geschmack annehmen, sollten Sie sie vorher mit einem Zahnstocher mehrfach einpieksen. Zwei saure Äpfel dazulegen und die Form in den vorgeheizten Backofen schieben. Bei 225 Grad ca. 45 Minuten schmoren.
Die Fische zwischendurch mit dem Sonnenblumenöl einpinseln, damit sie nicht austrocknen. Man kann auch die Form etwa nach der Hälfte der Garzeit mit Aluminiumfolie abdecken. So bleibt der Fisch saftiger. Beilagen nach Wahl. Zur Abrundung können Sie zum Essen eine Flasche trockenen, gut gekühlten Apfelwein (Cidre) servieren.

ZUTATEN (für 4-6 Personen):
2 Zander (je 1 Kilo)
2 saure Äpfel
Salz, Butter und Sonnenblumenöl
10-15 cl Calvados

Zander „Veronica“

ZUBEREITUNG:

Zander grätenfrei filetieren. Die Filets in Portionsstücke schneiden während die Pfanne bei mittlerer Hitze erwärmt wird. Gutes Bratfett verwenden, am besten Olivenöl. Geschlagenes Eigelb mit drei oder vier Eßlöffeln Sahne verquirlen, den Fisch darin wenden. Dann in Paniermehl mit Pfeffer und Salz wälzen. Die Fischstücke einige Minuten auf beiden Seiten braten, dann restliche Sahne in die Pfanne geben. Nun bei schwacher Hitze 6-7 Minuten ganz sacht sieden lassen.

Den Fisch herausnehmen und in eine vorgewärmte Schüssel geben, die genügend Raum für die Soße hat. Die Soße in der Pfanne weiter sieden lassen und mit Pfeffer und Salz abschmecken. Soße vom Herd nehmen, etwas fein gehackte Petersilie unterrühren. Über den Fisch gießen. Heiß servieren, am besten mit frischen Pellkartoffeln.

ZUTATEN

(für 4 Personen):
1 kg Zanderfilets
1/2 Liter Schlagsahne
1 Eigelb
Olivenöl
Paniermehl
Salz, Pfeffer, Petersilie

Zander in Pistazien-Soße

ZUBEREITUNG:

Den Fisch filetieren. Feuerfeste Schüssel mit Butter einfetten. Die Filets neben-, nicht übereinander hineinlegen. Das Wasser mit dem Sherry in die Schüssel geben, etwas salzen und pfeffern. Bei leichter Hitze 10-15 Minuten kochen lassen.
Inzwischen bereiten wir die Sauce zu. Brotkrumen zwischen den Fingern zerreiben, die Tomate in kleine Stücke schneiden und mit allen Zutaten in den Mixer geben. Solange rühren, bis eine glatte, geschmeidige Soße entsteht. Mit Salz und Pfeffer abschmecken. Hierzu schmecken am besten Salzkartoffeln.

ZUTATEN (für 4-5 Personen):
1 Zander (ca. 2 kg)
Genug Wasser, um die Filets in einer feuerfesten Schüssel zu bedecken. Dem Wasser knapp 10 Zentiliter trockenen Sherry Amontillado zufügen.
Für die Soße:
150 Gramm Pistazien
1 Porree-Stange
150 g Baguette in Milch eingeweicht.
2 Eßlöffel Olivenöl.
1 Tomate
1/2 Teelöffel Salz
150 Gramm Créme Fraîche
eine Prise schwarzer Pfeffer

Zander mit Toast und Brie

ZUTATEN
(für 4 Personen):
1 Zander (ca. 2 kg)
100 Gramm Blauschimmelkäse
300 ml Sahne
1 Stangenweißbrot (Baguette)
200 Gramm Brie oder Camembert

ZUBEREITUNG:
Aromatischer Käse und Fisch sind eine exzellente Kombination. Man braucht cremigen Käse wie Gorgonzola, Bavaria Blue, Bresse Bleu oder Castello aus Dänemark. Sicher, diese Käsesorten sind fett, doch was soll s, wir wollen die Kalorien mal vergessen und unsere Zanderfilets in einer Mischung aus Sahne und Blauschimmelkäse garen.
Zuerst wird der Zander filetiert und in Portionsstücke geschnitten. Käse und Sahne werden in einer Pfanne bei leichter Hitze geschmolzen und verrührt. Nun die Filets in die Pfanne geben und bei leichter Hitze 15 Minuten garen.
Während der Fisch den sahnigen Geschmack des Käses aufnimmt, schneiden wir das Baguette in dicke Scheiben und nehmen ein Drittel des Teigs heraus. In die Höhlung geben wir einige Streifen Brie und wickeln das so präparierte Brot lose in mit Butter gefettete Alufolie.
Oben bleibt eine kleine Öffnung, damit die Hitze den Käse zum Schmelzen bringt und das Brot toastet. Die Folien-Pakete kommen für ein paar Minuten auf ein Backblech bei 250 Grad. Das Baguette wird serviert, solange das Brot warm und der Käse noch weich ist. Zu dieser Mahlzeit paßt besonders ein gekühlter, aromatischer Gewürztraminer aus dem Elsaß.

Gebratener Zander auf ungarische Art

ZUBEREITUNG:

Zutaten für die Panade verquirlen. Ausgenommenen Fisch in daumendicke Koteletts schneiden und in der Panade wälzen.

Man erhitzt das Öl bis auf 175 Grad. Ein Stück Brot würde bei dieser Hitze schon nach einer Minute braun werden. Legen Sie die Koteletts in die Pfanne und lassen Sie sie langsam im Öl sieden. Braten Sie nie mehr als vier oder fünf Koteletts gleichzeitig, damit die Öltemperatur nicht zu stark absinkt. Die Koteletts sind fertig, wenn sie nach einigen Minuten eine goldene Farbe angenommen haben. Zum gebratenen Zander paßt am besten ein Weißbrot oder Bauernbrot. Außerdem sollten für jeden Teller einige Zitronenviertel bereitliegen, mit denen man nach Geschmack würzen kann. Ein kühles Bier rundet den Zander auf ungarische Art so richtig ab.

ZUTATEN

(für 4 Personen):

Für die Koteletts:

1,5 Kilo Zander

Für die Panade:

200 Gramm Mehl
1 Ei
1/2 Teelöffel Salz
125 ml Milch oder Bier
1 Teelöffel mildes Paprikapulver

Tip

Gebratener Zander ist lecker und schnell gemacht. Fische von ein bis zwei Kilo sind besonders gut zum Braten geeignet, da die Koteletts gerade die richtige Größe haben, um sie zu bewältigen. Beim Braten ist es jedoch wichtig, ein geschmacksneutrales, gutes Öl zu verwenden. Sonnenblumenöl oder Maisöl sind zum Braten sehr gut geeignet.

Zum Anbeißen: Die Wandmalerei eines ungarischen Künstlers preist den gebratenen Zander.

Zander mit Pilzen

ZUTATEN
(für 3-4 Personen):
Zander, ca. 1 kg
1 Eßlöffel Butter
50 ml Olivenöl
2 mittelgroße Zwiebeln
Salz
gemahlener schwarzer Pfeffer
1 Zitrone
1 Eßlöffel mildes Paprikapulver
50 Gramm feingehackte Petersilie
150 Gramm geschmorte Pfifferlinge
50 ml trockener Sherry

ZUBEREITUNG:
Der Fisch wird filetiert oder in Koteletts geschnitten. Die Haut muß in beiden Fällen entfernt werden. Schneiden Sie die Zwiebeln in dünne Ringe. Dünsten Sie sie mit einem halben Eßlöffel Paprikapulver in der Butter/Öl- Mischung. Geben Sie Salz, Pfeffer, etwas Zitronensaft und Petersilie dazu und rühren Sie alles gut durch. Wenn die Zwiebeln goldbraun sind, geben Sie den Fisch dazu und lassen Sie das Ganze für 5 Minuten bei niedriger Hitze köcheln. Wenden Sie dann vorsichtig die Fischstücke und fügen Sie den Wein und die Pilze dazu. Nun den Deckel auf die Pfanne und weitere 15 Minuten schmoren lassen. Bevor man den Fisch mit frischem Salat serviert, bestreut man ihn mit dem restlichen Paprikapulver.

Grillzander

ZUBEREITUNG:
Entzünden Sie die Holzkohlen auf dem Grill. Säubern Sie den Fisch, lassen Sie aber Flossen und Kopf dran. Schneiden Sie den Fisch in regelmäßigen Abständen ein. Immer von der Rückengräte nach unten. Das macht man, damit die Zutaten während des Grillens nicht rausfallen. Salzen und pfeffern Sie den Fisch von innen, und füllen Sie die Bauchhöhle mit einigen dicken Käsescheiben und einigen Tannennadeln (wegen des guten Aromas). Die Einschnitte im Fisch füllt man mit dünnen Tomaten- und Zitronenscheiben und Knoblauch. Drücken Sie die Scheiben tief in die Einschnitte, damit sie während des Grillens nicht rausfallen. Wenn die Holzkohle runtergebrannt und eine gute Glut entstanden ist, kommt der Fisch auf den Grill. Streuen Sie ab und zu einige Wachholdernadeln auf die glühenden Kohlen. Der würzige Geruch verleiht auch dem Fisch einen besonderen Geschmack. Passen Sie auf, daß der geschmolzene Käse nicht in die Glut tropft. Grillen Sie nun den Fisch auf beiden Seiten, bis er gut durch ist. Wenn sich das Fleisch von der Rückengräte löst, ist der Fisch gar.

Ganz vorn im Wettstreit um den leckersten Süßwasserfisch liegt der Barsch. Leider fängt man nur selten solch mehrpfündige Exemplare.

Barsch: klein, aber fein

Ob geräuchert, gegrillt, gedünstet, gebraten oder in der Fischsuppe: Ein Barsch gehört mit zum Besten, was die Fischküche zu bieten hat.

Vorsicht, piekst! Nicht umsonst trägt der Barsch den Beinamen Stachelritter. Wer viel filetiert, weiß davon ein Klagelied zu singen.

Schon 1653 schrieb Izaak Walton in seinem „Vollkommenen Angler“ dem Barsch eine heilsame Wirkung zu. Er empfahl, den Flußbarsch zur Heilung von offenen Wunden und Fieber. Der Angler von heute nutzt die Heilkraft des Barsches über den Umweg durch die Küche.

Der Flußbarsch ist nicht nur einer der schmackhaftesten, sondern auch einer der wertvollsten Süßwasserfische. Er enthält sehr viel fettlösliche Vitamine, insbesondere Vitamin A und D. Sein Fleisch enthält etwas 20 Prozent Eiweiß, aber nur 1 % Fett.

Der Barsch ist eine „dankbare“ Beute. Man kann ihn das ganze Jahr beangeln. Er nimmt sowohl den Spinner als auch den Twister oder den Wurm. Im Winter fängt man ihn beim Eisangeln. An einem guten Tag erwischt man dann innerhalb weniger Stunden drei oder vier Kilo Barsch. Oft allerdings lassen die Barsche, die beim Eisangeln gefangen werden, an Größe zu wünschen übrig und dienen meist nur als Katzenfutter. Aber selbst kleinere Barsche sollte man nicht wegwerfen. Kross durchgebraten oder in der Fischsuppe sorgen selbst sie für eine leckere Mahlzeit.

Großen Barschen kann man die Haut abziehen und sie dann im Ganzen braten. Etwas mehr Arbeit macht es, mittelgroße Barsche zu filetieren. Die eigentliche Zubereitung der „Eglifilets“, wie sie am Bodensee oder in der Schweiz heißen, ist dann umso einfacher.

Fritierter Mini-Barsch

ZUBEREITUNG:

Kleinere Barsche sollte man ganz fritieren. Man verwendet dazu entweder Sonnenblumen- oder Olivenöl. Das Ergebnis ist ein krosser, saftiger Happen.
Die Barsche brauchen dazu noch nicht einmal geschuppt zu werden. Die Fische werden einfach mit einer Schere aufgeschnitten und ausgenommen. Schuppen und Haut werden mit der Kruste beim Essen entfernt.

Das Öl wird auf 175 bis 180 Grad erhitzt. Der Fisch wird leicht gesalzen und durch Mehl gezogen. Fritieren Sie einige kleine Barsche für 5 oder 6 Minuten, bis sich das Fleisch von den Gräten löst. Der Fisch wird mit frischem Weißbrot und einer Zitronenscheibe
serviert, deren Saft man auf den Fisch träufelt. Außerdem schmeckt zum fritierten Fisch ein gutes Glas Bier.

Gebratene Barschfilets

ZUBEREITUNG:

Das Schlimmste am Barsch ist das Enthäuten und Herausschneiden der grätenfreien Filets. Dieser Arbeitsgang sollte aber mit aller Sorgfalt ausgeführt werden, damit man nicht bei Tisch ständig mit den Gräten zu kämpfen hat.

Fisch filetieren und die Filets von den Gräten befreien. Die Filets durch Eigelb, Paniermehl und etwas Salz ziehen. Braten Sie bei mittlerer Hitze die Filets goldbraun. Serviert wird der Fisch mit Kartoffeln und grünen Erbsen. man kann ihn aber auch kalt mit frischem Brot reichen. Zum gebratenen Barschfilet paßt am besten ein schönes Bier.

Barschfilets in Portweinsoße

ZUBEREITUNG:

Der hervorragende Geschmack des Barsches kommt besonders gut in einer sahnigen Soße aus Crème fraîche und Portwein zur Geltung. Nach dem Filetieren werden die Filets gesalzen, gepfeffert und bei niedriger Hitze in Öl gebraten. Die fertigen Filets stellt man bis später auf einen Teller. Man zerhackt eine Zwiebel in sehr kleine Stücke und dünstet sie in dem Öl, in dem man den Fisch gebraten hat. Damit die Zwiebel nicht zu braun wird, muß man eventuell noch etwas Öl zugeben. Dann streut man etwas Mehl ein, rührt um und fügt dann 250 Gramm Crème fraîche zu. Die Soße wird mit Milch so lange verdünnt, bis sie cremig ist. Dann gibt man einen guten Schuß Portwein dazu. Jetzt kommen die Fischfilets zu der weißen Soße in die Pfanne. Bei niedriger Hitze werden sie 10-15 Minuten in der Soße gedünstet. Jetzt schmecken Sie die Soße ab. Vielleicht muß man sie noch etwas mit Pfeffer oder Salz nachwürzen. Serviert wird der fertige Fisch mit Kartoffeln und frischem Gemüse.

Peking-Barsch

ZUBEREITUNG:

Die Barsche ausnehmen und die Kiemen entfernen. Gründlich entschleimen, am besten mit Salz. Die Fische trockentupfen. Für jeden Fisch ein großes Stück Aluminiumfolie vorbereiten. Die Folie dann mit Butter bestreichen. Die Fische pfeffern und salzen und auf die Alufolie legen. Jetzt je Fisch 1/2 Paprika (in Streifen), 1 Eßlöffel Ingwer, 2 Eßlöffel Pilze, 3 Backpflaumen und 1 Eßlöffel Butter auf der Folie verteilen. Die Fische sorgfältig in die Folie einschlagen. Seien Sie vorsichtig, daß die stachelige Rückenflosse die Folie nicht durchsticht. Die beiden Folienpakete in eine ofenfeste Form legen. 1 Zentimeter hoch Wasser in die Form füllen. Bei 200 Grad etwa 50 Minuten garen: Die heißen Barsche mit Reis und der süßsauren Soße servieren.

ZUTATEN (für 4-5 Personen):

2 Barsche von je 1 Kilo
2 Eßlöffel Ingwer
1 rote Paprikaschote
6 Backpflaumen
4 Eßlöffel Pilze nach Wahl
Butter
Salz, Pfeffer
süßsaure Soße (Instant)

Gebackener Barsch

ZUTATEN (für 3-4 Personen):
4 mittelgroße Barsche
Champignons (aus der Dose oder frisch)
1 Stange Lauch in Scheiben geschnitten
1 rote Paprika in Scheiben geschnitten
1 Tasse Rahm (dickflüssig)
75 Gramm geriebener Cheddar Käse
2 Lorbeerblätter
Weißwein oder trockenen Sherry
Gewürzmischung aus Zwiebeln, Pfeffer,
Salz, Paprika etc.
etwas Öl

ZUBEREITUNG:
Fische putzen und Filets schneiden. Etwas Öl in eine feuerfeste Keramikschüssel geben. Keramik ist besser als Glas und gibt dem Gericht den guten, konzentrierten Geschmack.
Die Filetstücke in Schichten in die Form legen. Zwischen jede Schicht Champignons, Lauchscheiben, Gewürze und Käse einfüllen. Einige Zutaten für die oberste Schicht aufheben. Bevor die Form in den Ofen kommt, werden der Rahm, ein bißchen Weißwein und die Lorbeerblätter zugegeben. Dann wird alles mit Paprikastreifen bedeckt.
Im Backofen ungefähr 30 Minuten bei 225 Grad auf einer der oberen Schienen backen.

„Forelle grün". Auf die erste Forelle des Jahres warten Angler mit Ungeduld. Doch dafür werden sie in der Küche reich entschädigt, denn frische Bachforellen sind eine ausgesprochene Delikatesse.

Papas Forellen

Der amerikanische Schriftsteller Ernest Hemingway (1899 - 1961) war schon zu Lebzeiten eine Legende. Dazu trugen nicht nur seine Kurzgeschichten und Romane bei (Der alte Mann und das Meer, Wem die Stunde schlägt, Inseln im Strom), sondern auch sein bewegtes Leben. Er liebte die Frauen, den Stierkampf, die Großwildjagd und gutes Essen. Und er war ein begeisterter Angler.

Bücher für Genießer: Schriftsteller Ernest Hemingway schenkte uns einige fesselnde Angel-Stories.

Papa" Hemingway, wie ihn seine Freunde liebevoll nannten, zählte zu den Pionieren des Big-Game-Fischens auf Bimini und Cuba. Gleichzeitig gehörte sein Herz dem Forellen-Angeln. Auf seinen Europareisen, die er als Korrespondent des „Toronto Star" unternahm, ließ er nie eine Gelegenheit aus, den Forellen der Alten Welt seine Fliegen anzubieten. Er angelte in Österreich und der Schweiz, in den Pyrenäen und im Schwarzwald.

Den Helden der „Nick Adams Stories", die zu seinen schönsten Kurzgeschichten zählen, läßt er am "Großen doppelherzigen Strom" mit Heuschrecken auf scheue Bachforellen angeln. In dem Roman „Fiesta", der in Hemingways Wahlheimat Spanien spielt, fängt der Erzähler am Rio de la Fabrica mit Wurm besser als sein Freund Bill mit der Fliege. Wie gesagt, Hemingway war kein Kostverächter und wußte (neben einem guten Tropfen) ein gutes Fischgericht zu würdigen. Vielleicht hat er mit dem folgenden Rezept einen Angeltag in seiner Hütte am Big Wood River in Idaho gekrönt, mit einer lecker und kroß zubereiteten Forelle, die übrigens auch kalt ausgezeichnet schmeckt.

Hemingways Reisen in Europa blieben nicht ohne Einfluß auf seine Eß- und Trinkgewohnheiten. In Frankreich probierte er den Sancerre, einen trockenen, weißen Wein aus dem Loire-Tal. Vielleicht hat er auch hier die Forelle in Walnußpanade schätzen gelernt, während er sich bei der Fiesta in Pamplona von den Mandarinen und Mandeln Andalusiens zu dem passenden Salat inspirieren ließ.

Forelle „Hemingway“

ZUBEREITUNG:
Zuerst bereiten wir eine Füllung für den Fisch. Dazu Butter oder Öl bei mittlerer Hitze in einer Pfanne erhitzen, Zwiebeln und Sellerie darin garen; gekochten Reis, Oliven, Salbei, Thymian und Petersilie hinzufügen und alles gut vermischen. Die Füllung kann bereits vorher zubereitet und im Kühlschrank aufbewahrt werden. Den Fisch leicht mit Salz und Pfeffer würzen, füllen und anschließend in einer feuerfesten Form im Ofen bei 175 Grad 45 Minuten lang garen. Falls noch Reis übrig ist, wird er in einer gebutterten Kasserolle eine halbe Stunde lang miterhitzt. Fisch auf dem Reis anrichten.

ZUTATEN (für 6 Personen):
3-4 Pfund Bach- oder Regenbogenforelle (ein oder mehrere Fische)
Butter oder Öl
1 gehackte Zwiebel
3 Stangen gehackter Sellerie
1 Teelöffel Salbei
1 Teelöffel Thymian
1 Teelöffel gehackte Petersilie
500 Gramm gekochter Reis
150 Gramm Oliven mit Paprikafüllung, in Scheiben geschnitten
Salz, Pfeffer

Forelle „Fiesta“

Dazu schmeckt ein Mandarinen-Mandel-Salat
Zutaten:
grüner Salat oder frischer Spinat,
2 Mandarinen,
1 kleine, in Scheiben geschnittene Zwiebel
frische geschnittene Champignons,
100 Gramm geröstete Mandeln,
50 Gramm geröstete Sesamkörner,
Ölivenöl und Weinessig für das Dressing

ZUBEREITUNG:

Auch bei diesem Rezept beginnen wir mit der Füllung für den Fisch, der diesmal in Öl in der Pfanne gebraten wird. Spinat waschen und halb garen bzw. auftauen und abtropfen lassen, anschließend gut ausdrücken. Spinat mit Salz, Pfeffer und Estragon mischen. Butter oder Öl in einer Pfanne erhitzen, Zwiebeln und fein geschnittene Champignons darin garen, Spinat hinzufügen und auf mittlerer Hitze fünf Minuten garen lassen.
Auch bei diesem Rezept kann die Füllung vorher zubereitet und kaltgestellt werden. Fisch abspülen und trockenreiben. Mehl, Salz und Pfeffer vermischen. Eier aufschlagen, Walnüsse hacken. Fisch nacheinander in Mehl, Ei und Nüssen wenden, anschließend auf einem Stück Aluminium-Folie etwa 10 Minuten ruhen lassen, bis die Panade fest angetrocknet ist. Fisch nun mit der Spinatfüllung füllen und bei mittlerer Hitze je Seite 3 - 4 Minuten braten.

ZUTATEN (für 4 Personen):

Vier 25-30 cm lange Forellen
Für die Füllung:
ca. 300 Gramm frischer oder eine Packung tiefgekühlter Spinat
1 Teelöffel Estragon
4 gehackte Zwiebeln
500 Gramm frische Champignons
Butter oder Öl
Salz und Pfeffer
Für die Panade:
125 Gramm Mehl
75 Gramm fein gehackte Walnüsse
2 Eier
Öl zum Braten, Salz und Pfeffer

Oster-Forelle

ZUBEREITUNG:

Fisch ausnehmen, säubern und in 1,5 - 2 cm dicke Koteletts schneiden. Butter auf kleiner Flamme in einer Pfanne mit etwas Rosmarin erhitzen. Die Koteletts mit Salz bestreuen und ca. 7 - 10 Minuten bei niedriger Hitze schmoren. In der Zwischenzeit die Soße zubereiten. Mit Hilfe eines Mixers geht das schnell: Ei und Öl cremig schlagen, mit Salz abschmecken. Crème fraîche unterrühren und fein gehackte Kräuter nach Ihrer Wahl. Serviert wird die Oster-Forelle mit Tomaten, grünem Salat und einer Scheibe Zitrone. Dazu schmeckt (man muß die Feste feiern wie sie fallen) eine gute Flasche Weißwein.

ZUTATEN (für 2-5 Personen):

Möglichst große Forelle (ca. 2 kg)
etwas Rosmarin
Salz
Butter
Für die Soße:
1 Ei
ca. 2 dl Sonnenblumenöl
Salz
1/2 dl Crème fraîche
feingehackte Kräuter
(Dill, Minze, Kresse,
Zitronenmelisse, Petersilie)

Regenbogen-Kämpfer

Hemingways wilde Bachforellen sind heute ebenso begehrt wie selten. Umso häufiger fangen Angler jetzt Regenbogenforellen. Und die schmecken auch hervorragend.

Vor etwa 100 Jahren wurde die Regenbogenforelle aus dem Westen Nordamerikas bei uns in Europa angesiedelt. Heute findet man in Großbritannien und auf dem Kontinent verschiedene stabile Stämme, die sich selbst fortpflanzen.
In den letzten Jahren hat man häufig Regenbogenforellen an der Küste und in den Flüssen, die ins Kattegat münden gefangen. Diese „Steelheads“ sind Ausreißer aus den Netzgehegen der Fischfarmen oder stammen aus umfangreichen Besatzmaßnahmen der Ostblockländer und Dänemarks. Mit seinen silbernen Flanken und seiner enormen Kampfkraft ist dieser „wilde“ Fisch ein begehrter Sportfisch. Außerdem schmeckt er hervorragend.
Aber natürlich bestimmen auch bei Regenbogenforellen die Wasserqualität und die Nahrung den Geschmack. Fische aus trüben Teichen mit Schlammboden reichen natürlich geschmacklich nicht an ihre Brüder aus dem offenen Meer heran. Da helfen auch keine Gewürze.

Mandel-Forelle

ZUTATEN (für 4 Personen):
1,5 Kilo Regenbogenforelle (eine oder mehrere)
Salz und Pfeffer
Weizenmehl
150 Gramm Butter
75 Gramm Mandelsplitter

ZUBEREITUNG:
Rösten Sie die Mandelsplitter in der Pfanne, bis sie leicht braun werden. Salzen und pfeffern Sie den Fisch von innen und außen. Wenden Sie den Fisch in dem Mehl, und braten Sie ihn langsam bei niedriger Hitze in der Butter.
Servieren Sie den Fisch auf einem großen Teller, und gießen Sie die geschmolzene Butter über den Fisch. Streuen Sie nun die gerösteten Mandelsplitter auf den Fisch und garnieren Sie ihn mit Petersilie und Zitronenscheiben. Zur Mandel-Forelle reicht man Kartoffeln und Zitronenviertel, die man über dem Fischfleisch ausdrücken kann.

Regenbogenforelle in Wein

ZUBEREITUNG:

Säubern und spülen Sie den Fisch, tupfen Sie ihn dann trocken. Kopf und Flossen bleiben am Fisch, nur die Kiemen werden entfernt. Nun wird die Forelle von innen und außen gesalzen.

Vermischen Sie die Zutaten für die Füllung, nachdem Sie zuerst die Petersilie und den Knoblauch in einem Mörser zermahlen haben. Füllen Sie die Fische mit der Füllung und verschließen Sie sie mit Hilfe von Zahnstochern oder etwas Garn, damit die Füllung im Fisch bleibt.

Legen Sie den Fisch in eine mit Butter versehene feuerfeste Form und gießen Sie den Wein über den Fisch. Bedecken Sie die Form mit Aluminiumfolie. Stellen Sie die Form für ca. 30 Minuten in den 200 Grad warmen Ofen. Servieren Sie die Forelle mit Weißbrot oder Baguette und selbstgemachter Knoblauch-Mayonnaise.

ZUTATEN (für 4 Personen):

2-4 Regenbogenforellen
(ca. 1 1/2 Kilo Fisch)
Füllung:
4-5 Eßlöffel gehackte Petersilie
1-2 Knoblauchzehen
100 Gramm fein gehackte Champignons
1-2 Eßlöffel Olivenöl
Salz
ein Schuß Sherry
30-40 cl trockener Weißwein

Gratinierte Regenbogenforelle

ZUTATEN (für 4 Personen):
4 Portionen Fisch (je 300 Gramm)
1 mittlere Zwiebel
1 Fischextraktwürfel
Salz
1 Zitrone
Für die Soße:
2 Eßlöffel Butter
2 Eßlöffel Mehl
300 ml Fischbrühe
Salz und Pfeffer
150 Gramm geriebener aromatischer Käse
100 ml Wein aus dem Elsaß (Gewürztraminer oder Muskatwein)

ZUBEREITUNG:
Säubern Sie den Fisch, spülen Sie ihn ab und tupfen Sie ihn mit Küchenpapier trocken. Reiben Sie dann das Fleisch mit einer Zitrone ein. Legen Sie den Fisch in eine Kasserolle und geben Sie Wasser dazu, bis der Fisch so eben bedeckt ist. Fügen Sie nun den Fischextraktwürfel in kleinen Stücken dazu und die in Scheiben geschnittene Zwiebel. Lassen Sie das Ganze bei niedriger Flamme für 10 Minuten köcheln. Dann mit Salz abschmecken.
Nehmen Sie nun den Fisch und entfernen Sie die Haut. Verlängern Sie die Fischbrühe. Schmoren Sie die Butter mit dem Mehl an. Das Mehl wird langsam, unter ständigem Rühren, in die Pfanne gegeben und mit Fischbrühe und Wein verlängert. Lassen Sie die Soße für einige Minuten köcheln und schmecken Sie sie mit Pfeffer und Salz ab.
Erhitzen Sie den Ofen auf 225 Grad und legen Sie den Fisch in eine feuerfeste Form. Streuen Sie den zerriebenen Käse in die Brühe und gießen Sie diese über den Fisch. Kochen Sie den Fisch solange im Ofen, bis er eine braune Farbe annimmt. Servieren Sie ihn mit Kartoffeln und einem gut gekühlten Elsaßwein.

Roter Regenbogen

ZUTATEN
(für 2 Personen):
1 Regenbogenforelle
(mindestens 400 Gramm)
Alufolie (extrastark)
Für die Füllung:
2 Scheiben Zitrone
4 Lorbeerblätter
Salz, Pfeffer, Weißwein
Margarine
Zum Bestreichen:
1/2 Eßlöffel weißer Pfeffer
1 Eßlöffel Öl
1 Teelöffel trockener Sherry
1 Eßlöffel gemahlener roter Paprika

ZUBEREITUNG:
Fisch säubern, Kopf und Schwanz bleiben dran. Innen salzen und pfeffern. Zitronenscheiben in Stücke schneiden und zusammen mit den Lorbeerblättern und etwa Margarine in die Leibeshöhle füllen.
Einen Schluck Weißwein vorsichtig hineingießen.
Den Fisch auf ein großes Stück Alufolie legen, und mit der Mischung aus Öl, Sherry, Pfeffer und Paprika dick bestreichen. Folie um den Fisch falten. Ränder umlegen.
Das Folienpaket kommt in eine feuerfeste Form und dann für ca. 30 Minuten in den auf 200 Grad vorgeheizten Backofen. Dazu schmecken Kartoffeln oder Reis und ein kühles Bier.

Tip Manche Besatzforellen schmecken fad. Doch mit reichlich Paprika bestrichen und in Folie schonend gegart, wird jede Regenbogenforelle zur würzigen Gaumenfreude.

Forellenfilets mit Käse

ZUBEREITUNG:

Filetieren Sie zuerst die Fische. Eine Zange hilft dabei, alle Gräten zu entfernen. Geben Sie den unaufgetauten Spinat mit etwas Wasser in einen Topf und garen Sie ihn nach Angabe auf der Packung. Salzen und pfeffern Sie die Fischfilets und braten Sie sie langsam von beiden Seiten in Butter oder Sonnenblumenöl. Währenddessen schmelzen Sie bei niedriger Hitze den Käse in einer Kasserolle (eventuell etwas Sahne zugeben) und mischen ihn mit den Pilzen. Wenn der Fisch gar ist, übergießen Sie ihn mit dem Cognac und flambieren ihn. Das Flambieren gibt dem Fisch einen besonders delikaten Geschmack. Seien Sie dabei aber vorsichtig. Verbrannte Augenbrauen in der Küche regen nicht unbedingt den Appetit an.

Bevor Sie den Fisch servieren, geben Sie die Käse-Pilz-Soße auf die Filets. Richten Sie den Fisch auf dem Spinatbett an.

ZUTATEN

(für 2 Personen):

2 maßige Forellen (ca. 300 g)
Butter oder Sonnenblumenöl
1 Packung TK-Spinat
100 g Blauschimmel-Käse
(evtl. etwas Sahne)
200 g Wildpilze (z.B. Pfifferlinge)
4 cl Cognac
Salz, Pfeffer

Pikant gefüllte Sellerie-Forelle

ZUBEREITUNG:
Waschen Sie die Fische und tupfen Sie sie mit Küchenkrepp trocken. Legen Sie sie in eine gefettete Auflaufform, salzen und pfeffern Sie sie und streuen Sie ein wenig Käse darüber. Nun vermischen Sie den Sellerie mit der Petersilie und geben diese Mischung zusammen mit je zwei Zitronenscheiben in das Innere der Fische. Um den Fisch herum legen Sie den Porree und die Bleichsellerie-Ringe zusammen mit den Mandeln und dem Lorbeerblatt. Darüber streuen Sie die in feine Streifen geschnittene Paprikaschote sowie den restlichen Käse. Nochmals salzen und pfeffern. Zum Schluß gießen Sie Crème fraîche darüber. Das Ganze wird 40 - 45 Minuten bei 250 Grad gebacken.

ZUTATEN (für 4 Personen):
2 gleich große Forellen von zusammen ca. 3 Pfund
4 EL gehackter Sellerie
3 EL gehackte Petersilie
4 Zitronenscheiben
3 mittelgroße Stangen Bleichsellerie, in Ringe geschnitten
1 Stange Porree, in Stücke geschnitten
100 g Mandeln (geschält und grob gehackt)
1 Lorbeerblatt
50 g geriebener Käse
1 gelbe Paprikaschote
1 Becher Crème fraîche
Butter oder Öl zum Fetten der Form
Salz und Pfeffer

Tip Damit die Zutaten im Backofen nicht ihre appetitliche Farbe verlieren, decken Sie die Auflaufform gegen Ende der Garzeit mit Aluminiumfolie ab.

Ein Kescher voller Silber. Der Atlantische Lachs ist Europas begehrtester Angelfisch. Die wanderfreudigen Muskelpakete aus dem Wildwasser stellen jeden fettgefressenen Farmlachs auch geschmacklich in den Schatten.

Lachs: König der Fische

Wer jemals auf Lachse geangelt hat, wird dieses Erlebnis nie vergessen. Und wer jemals einen frischen Lachs zubereiten und essen durfte, weiß, warum man den Großsalmoniden zum König der Fische ernannte.

Es ist der Traum eines jeden Anglers, die kraftvollen Fluchten eines frisch aufgestiegenen, silbern schimmernden Lachses in der Rute zu spüren und sich in der südlichen Ostsee oder im Nordatlantik mit den Kraftpaketen zu messen. Das Angel-Erlebnis ist aber noch nicht abgeschlossen, bis der Fang auf dem Tisch steht und der Angler und seine Familie ihn genießen können.

Ein selbst gefangener „wilder" Lachs schmeckt zehnmal besser als ein mit Antibiotika überfütterter Lachs mit ausgefransten Flossen und unnatürlich rotem Fleisch aus einer Lachsfarm.

Der Lachs ist ein Gaumenschmaus und kann unterschiedlich zubereitet werden. Sein fettreiches Fleisch schmeckt viel delikater als das anderer Fische. Gleiches gilt natürlich für kapitale Meerforellen, die es an unseren Küsten zum Glück wieder häufiger gibt. Alle hier beschriebenen Rezepte gelten auch für diesen nahen Verwandten des Lachses.

Kapitale Lachse: Solche Lasten lädt sich jeder Angler gern auf den Buckel.

Frisch geräucherter Lachs

ZUBEREITUNG:

Genau wie der gebeizte Gravad Lachs gehört auch der Räucherlachs zu den zeitlosen Klassikern und ist zu jeder Gelegenheit willkommen. Geräuchert wurde zuerst in Frankreich am Hofe Karls des Großen im Jahre 900. Diese Methode der Fischzubereitung hat dann im Mittelalter auch in Nordeuropa Fuß gefaßt.
Anfang des achtzehnten Jahrhunderts galt Räucherlachs aus der Küstenstadt Halmstad in Südwestschweden als Delikatesse. Der Lachs wurde nach Deutschland importiert, aber auch in den Königshäusern von Schweden und Dänemark serviert. Räucherlachs war in vergangenen Zeiten ein Luxusessen, das nur in den Häusern der Reichen auf den Tisch kam.
Man erzählt, daß am Tisch des schwedischen Königs Johann III. jeden Monat 858 Lachse und Hechte und sechs Fässer gepökelter Lachs verzehrt wurden. Zu solchen Leckereien durfte auch ein guter Tropfen nicht fehlen. Von Februar bis September 1573 tranken der König und sein Gefolge 2426 Krüge Rheinwein. Außerdem wurden noch 500 Krüge französischer Wein geleert. Die Zahlen beziehen sich angeblich nur auf den Verzehr des königlichen Haushaltes. Egal wie salzig die Lachse auch gewesen sein mögen, ganz sicher haben bei diesen Mengen auch noch viele Gäste mitgeholfen. Der warmgeräucherte Atlantiklachs ist immer noch ein Gaumenschmaus, heute aber nicht nur für Könige zugänglich.
Das Räuchern gilt zwar als eine Methode zur Haltbarmachung, aber damit der Fisch gut schmeckt, muß er eine 1a-Qualität besitzen. Als Sportangler hat man da Vorteile, weil man geeignete Maßnahmen treffen kann, damit der Fisch frisch bleibt. Zum Räuchern eignen sich vor allem Sommerlachse (Grilse) von etwa 2-3 Kilo Gewicht. Warmgeräucherten Lachs genießt man am besten pur, nachdem er aus dem Ofen kommt und man die Haut abgezogen hat. Wenn man es etwas luxuriöser mag, kann man ein mildes Mayonnaise-Dressing mit einem Hauch Knoblauch zum Fisch servieren.
Dazu gibt es gekochte Kartoffeln oder frischgebackene Baguettes. Außerdem empfehlen wir einen frischen, halbtrockenen Wein, eine Spätlese von der Mosel oder einen trockenen Sherry aus Südspanien.

Russische Lachssuppe

Zuerst eine Warnung! Wer einmal von dieser Suppe gekostet hat, die in Rußland Moskowskaia Soljanka genannt wird, kann davon abhängig werden, weil sie so gut schmeckt. Vielleicht stammt dieses Rezept sogar von der luxuriösen Festtafel des Zaren in St. Petersburg.
Auf den ersten Blick ist die Zubereitung der russischen Lachssuppe nicht einfach, aber das Ergebnis ist so gut, daß sich die Mühe mehr als lohnt. Die Suppe sollte für 5-6 Personen reichen, aber wir bereiten immer die doppelte- oder dreifache Menge zu, solange der Ofen noch heiß ist. Die Lachssuppe kann man nämlich gut einfrieren.
Wie in den meisten Fällen, in denen man erstklassiges Rohmaterial für die Suppe verwendet, schmeckt auch diese Suppe noch intensiver, wenn wir sie nach dem Kochen einige Stunden stehen lassen. Die russische Lachssuppe schmeckt am besten nach 24 Stunden im Kühlschrank. Dann haben sich Aromen und Gewürze gut miteinander vermischt. Schon der Geruch der Suppe beim Erhitzen läßt einem das Wasser im Mund zusammenlaufen.

ZUBEREITUNG:

Bereiten Sie aus Gräten, Kopf und Flossen des Fisches mit einer Zwiebel, weißem Pfeffer und einem knappen Liter Wasser eine Fischbrühe. Lassen Sie sie 5 Minuten ziehen. Nach dem Durchsieben mit der Fleischbrühe vermischen und abkühlen lassen. Der Fleischextrakt sorgt für Würze, da die Fischbrühe häufig sehr milde ausfällt.
Schneiden Sie die restlichen Zwiebeln in Scheiben, und braten Sie sie in Butter bei kleiner Flamme leicht an. Geben Sie das Mehl durch ein Sieb dazu, und rühren Sie alles gut um.
Geben Sie nun die Zwiebelmischung zur Brühe. Fügen Sie ebenso die in Streifen geschnittenen sauren Gurken, die zerkleinerten Oliven und Champignons, das Tomatenmark, die Gewürznelken, Pilze, Kapern und die Hummersuppe dazu. Kochen Sie das Ganze bei mittlerer Hitze für 10 Minuten auf. Schmecken sie die Suppe vorsichtig mit Cayenne Pfeffer ab. Schneiden Sie nun das Lachsfilet in kleine Streifen und geben Sie diese in die Suppe. Lassen Sie die Suppe für weitere 5-7 Minuten bei niedriger Flamme aufkochen. Die Suppe sollte im Topf nur so vor sich hinköcheln ohne Blasen zu schlagen.
Serviert wird die Suppe mit Zitronenscheiben, fein gehacktem Dill und Petersilie. Zum Trinken servieren wir einen trockenen Gewürztraminer aus dem Elsaß oder einen Manzanilla aus Südspanien.

ZUTATEN

(für 4 -6 Personen):
800 Gramm Lachsfilet
5 Zwiebeln
10 weiße Pfefferkörner
150 ml Fleischbrühe (aus Extraktwürfel)
150 Gramm Butter
1 Eßlöffel Mehl
1 saure Gurke
6-8 Oliven
3 Eßlöffel Tomatenmark
10 Gewürznelken
100 Gramm frische Champignons
250 Gramm verschiedene Pilze
2 Teelöffel Kapern
1/2 Dose Hummersuppe
Cayenne Pfeffer, Salz, Zitrone, Dill, Petersilie

Lachs vom Grill

ZUBEREITUNG:

Lachsgerichte sind in den meisten Teilen der Welt eine geschätzte Delikatesse. Die Rezepte sind so zahlreich wie die Lachsflüsse, jedes hat seinen eigenen individuellen Charakter und Geschmack. Und doch bleibt für mich die Frage, ob es etwas Köstlicheres als gegrillten Lachs, - zubereitet und gegessen am Ufer des Flußes, an dem er gefangen wurde - gibt. Zahlreiche Lachsfischer genießen auf diese Weise ihren Fang, nachdem sie stundenlang gewartet und gefischt haben.

Allerdings ist es wichtig zu wissen, daß der Lachs niemals fangfrisch zubereitet werden sollte. Das sei all denen gesagt, die ihren Fang gleich an Ort und Stelle zubereiten wollen. Das Fleisch sollte mindestens 24 Stunden gelagert werden, bevor man es zubereitet. So wird es zart und wohlschmeckend.

Man kann den Lachs auf dem Holzkohlenrost grillen, direkt am Flußufer oder zu Hause auf der Terrasse. Doch wenn Sie sich für die letzte Möglichkeit entscheiden, sollten Sie darauf vorbereitet sein, daß Ihre Nachbarn - angelockt von dem leckeren Duft, der dem Grill entsteigt - Ihnen bei Ihrem Mahl Gesellschaft leisten wollen.

Schneiden Sie ein Filet vom Fisch, salzen Sie es leicht und legen Sie es auf den Grill, die fleischige Seite den Kohlen zugewandt. Kurz danach streuen Sie etwas Thymian und Rosmarin auf die Kohle. Der Duft wird Sie betören. Wenden Sie den Fisch nach einigen Minuten. Die längste Zeit des Grillvorgangs sollte der Lachs mit der Hautseite auf dem Rost liegen. So kann das Fischfett nicht heraustropfen, und es wird verhindert, daß das Fleisch verbrennt oder austrocknet. Die Dauer der Zubereitung variiert natürlich je nach Dicke des Fischfilets. Nach 20 Minuten dürfen Sie aber schon einmal probieren.

Tip Geben Sie beim Grillen von Zeit zu Zeit einige Spritzer Cognac oder Whiskey auf den Fisch. Das verleiht ihm einen wunderbar würzigen Geschmack. Seien Sie aber vorsichtig, daß der Alkohol kein Feuer fängt. Schütten Sie ihn deshalb niemals direkt aus der Flasche auf den Lachs, sondern benutzen Sie ein kleines Glas dazu. (Sonst riskieren Sie, daß es nicht nur gegrillten Lachs gibt...)

Lachs in Curry-Soße

ZUBEREITUNG:
Beginnen Sie mit der Soße. Braten Sie die Zwiebeln in der Butter bei niedriger Flamme leicht an, ohne daß sich die Zwiebeln verfärben. Geben Sie dann den zerhackten Apfel dazu und kochen Sie alles 5 Minuten auf. Rühren Sie die Soße gut um, damit sie sich nicht in der Pfanne festsetzt. Geben Sie nun das Currypulver zur Soße und lassen Sie sie noch einige Minuten kochen.
Streuen Sie das Mehl in die Soße, und rühren Sie sie mit dem Holzlöffel um. Gießen Sie zum Schluß die Sahne und die Fischbrühe dazu und lassen Sie alles für weitere 15 Minuten kochen.
Nehmen Sie die Soße vom Herd und fügen Sie den Zitronensaft dazu.
Nun werden die Lachsscheiben gesalzen und mit Thymian bestreut.
Sie werden in der Pfanne in Butter gebraten, bis sie gar sind. Serviert wird der Curry-Lachs mit Kartoffeln und einem gut gekühlten Weißwein.

ZUTATEN
(für 4 Personen):
4 Lachsscheiben
Salz
Thymian
4 Eßlöffel Butter
für die Soße:
1 1/2 Eßlöffel Butter
2 zerhackte Zwiebeln
1 1/2 zerhackte Äpfel
1 Eßlöffel Curry
1 1/2 Eßlöffel Mehl
1 Zitrone
250 ml Sahne
250 ml Brühe (ein Fischbrühwürfel aufgelöst)

Lachs mit pochierten Eiern

ZUBEREITUNG:

Schmelzen Sie etwas Butter bei mittlerer Hitze in der Pfanne, ohne daß sie sich verfärbt. Verringern Sie die Hitze. Die aufgeschlagenen Eier vorsichtig nebeneinander legen. Dann 2-3 Eßlöffel Wasser in die Pfanne geben. Mit dem Deckel die Pfanne schließen und langsam 3-4 Minuten kochen lassen.
Nehmen Sie die Pfanne vom Herd. Lassen Sie die Eier für einige Minuten abkühlen.
Serviert wird dieses Gericht mit Weißbrot. Salatblätter, Zitronenkraut oder frisches Basilikum dienen als Dekoration. Diese Leckerei eignet sich sowohl als Vorspeise als auch als Hauptmenü.
Da der geräucherte Lachs einen sehr dominanten Geschmack besitzt, empfiehlt sich dazu ein Bier oder ein sehr trockener Sherry.

ZUTATEN

kaltgeräucherte dünne Lachsscheiben
1-2 Eier pro Person
Butter, Wasser

Lachs in weißer Soße

ZUBEREITUNG:

Braten Sie die Zwiebeln zusammen mit dem Pfeffer und den Champignons in der Pfanne an. Geben Sie dann das Mehl dazu und rühren Sie das Ganze um. Zum Schluß fügt man Petersilie, Wein, Fischbrühe, Sahne und Salz zur Mischung dazu und rührt alles kräftig um.
Nun legt man die Lachskoteletts in die Soße und läßt sie bei niedriger Flamme 7-8 Minuten auf jeder Seite durchschmoren. Serviert wird der Fisch mit Kartoffeln.

ZUTATEN

(für 4 Personen):
2 Lachskoteletts (ca. 5 cm dick)
100 Gramm in Scheiben geschnittene Champignons
1 fein gehackte Zwiebel
2 Eßlöffel Butter
8-10 weiße Pfefferkörner
gehackte Petersilie
1 Eßlöffel Mehl
100 ml trockener Weißwein
100 ml Fischbrühe
200 ml Sahne
1 Teelöffel Salz

Lachs in Cognac

ZUBEREITUNG:

Hacken Sie die Zwiebeln und braten Sie sie kurz in der Butter an. Geben Sie nach einigen Minuten die zerkleinerten Pfirsiche dazu und rühren Sie alles gut um. Nach und nach geben Sie den Senf, die Sahne, Salz und Pfeffer dazu und zum Schluß einen Eßlöffel Cognac. Lassen Sie die Mischung bei niedriger Flamme für einige Minuten köcheln.

Bestreuen Sie die Koteletts von beiden Seiten mit Salz und Rosmarin. Braten Sie sie bei mittlerer Hitze an und übergießen Sie sie danach mit dem Cognac. Serviert wird der Lachs mit Weißbrot und Kartoffeln.

ZUTATEN
(für 4 Personen):
4 Lachskoteletts
Rosmarin
Butter
Salz
1/2 - 1 Eßlöffel Cognac pro Kotelett
Zum Garnieren:
Butter
3 Zwiebeln
3 mittelgroße Pfirsiche
1/2 Eßlöffel Dijon Senf
150 ml Sahne
Salz, Pfeffer
1 Eßlöffel Cognac

Allererste Sahne

Im Winter kann man an vielen Gewässern große Aalquappen (Rutten, Trüschen) fangen, manchmal sogar unter dem Eis. Der Süßwasser-Räuber, den sein Kinnfaden als entfernten Verwandten des Dorsches ausweist, gilt unter Anglern als Delikatesse. Nicht nur das Fleisch der Quappe schmeckt erstklassig, auch Leber und Rogen sind nicht zu verachten.

Vier fette Oder-Quappen: Das reicht für mehr als eine leckere Mahlzeit.

Quappe in weißer Soße

ZUTATEN (für 4 Personen):

1 große Aalquappe (ca. 1 Kilo)
Salz
Pimentkörner
1 Ei
1/2 Becher Schlagsahne
Paniermehl
Butter
Mehl
1 Flasche Weißwein

ZUBEREITUNG:

Die Quappe wird ausgenommen und enthäutet, dann in handliche Stücke geschnitten. Dünsten Sie die Fischstücke in wenig Wasser mit einer Prise Salz und einigen Körnern Piment so lange, bis sich das halbgare Fleisch von den Gräten lösen läßt. Das dauert nur ein paar Minuten.
Heben Sie die Fischstücke mit einem Schöpflöffel aus dem Sud und entfernen Sie die Gräten.
Der Sud wird mit einem Stück Butter und reichlich Sahne aufgekocht und mit etwas Mehl angedickt. Fügen Sie die Quappenleber und - sofern vorhanden - den zerteilten Rogen hinzu, und lassen Sie das Ganze auf niedriger Flamme etwa zehn Minuten lang garen (nicht mehr kochen). Dann einen kräftigen Schuß Weißwein zuschütten und hin und wieder umrühren.
In der Zwischenzeit panieren Sie die Fischstücke. Erst in einem geschlagenen Ei, dann in feinem Paniermehl wälzen. In einer Pfanne mit wenig Fett knusprig braten. In die mit Salz, Pfeffer und Zitrone abgeschmeckte Soße legen und sofort servieren. Dazu schmecken Salzkartoffeln, Mischgemüse und natürlich der restliche Wein.

Das Brot der tiefen Seen

Felchen, auch Renken oder Maränen genannt, gehören zu den Coregonen. Die Fettflosse verrät, daß diese Familie mit den Forellen verwandt ist. Da Felchen in tiefen, kalten Seen leben und sich überwiegend von Kleinstlebewesen ernähren, ist ihr Fang den Spezialisten vorbehalten. Für die Berufsfischer, zum Beispiel an den süddeutschen Seen, aber ist das Felchen der wichtigste „Brotfisch". Abnehmer dafür zu finden, ist keine Kunst, denn im Geschmack kann das Felchen mit jedem anderen Fisch mithalten. Gefüllt mit Schinken, Petersilie und Knoblauch gehört der unscheinbare Fisch zu den größten Delikatessen.

Große Maränen werden nur selten vom Ufer aus gefangen. Doch wer erst einmal den Schwarm gefunden hat, kann meist mehrere hintereinander erwischen.

ZUBEREITUNG:

Zuerst säubern und schuppen Sie den Fisch. Legen Sie ihn in eine lange, tiefe Schüssel. Die Zitrone wird ausgepreßt und mit dem Wasser vermischt. Die Flüssigkeit wird über den Fisch gegossen. Lassen Sie den Fisch auf jeder Seite eine halbe Stunde in der Zitronen-Marinade durchziehen. Auch die Bauchhöhle muß mit dem verdünnten Zitronensaft getränkt sein.
Währenddessen können Sie die Füllung zubereiten. Hacken Sie hierzu 25 Gramm Petersilie und den Knoblauch. Schneiden Sie den rohen Schinken längs in zwei Hälften und schichten Sie die halbierten Scheiben nach folgendem Muster: Schinken-Knoblauch-Schinken-Petersilie-Schinken-Knoblauch-Schinken.
Vermischen Sie den Pfeffer und das Salz. Bestreichen Sie eine Seite des Fisches mit Öl und geben Sie die Gewürzmischung dazu.
Bestreichen Sie den Fisch ein zweites Mal und geben Sie die Hälfte der zerkleinerten Petersilie bei (sie soll an dem Öl haften). Drehen Sie den Fisch nun auf einem Stück Alufolie, und füllen Sie ihn mit der Schinkenfüllung.
Dann bestreichen Sie auch die andere Seite des Fisches mit Öl. Falten Sie die Alufolie locker um den Fisch und legen Sie ihn in eine hitzebeständige Form. Damit der Fisch nicht austrocknet, bedecken wir den Boden der Backform mit der restlichen Zitronen-Marinade und etwas Wasser, so etwa 1/2 Zentimeter hoch. Lassen Sie den Fisch auf dem unteren Blech eine Stunde bei 200 Grad durchbacken.
Serviert wird das Ganze mit Zitronenmayonnaise als Dressing und Kartoffeln, die mit Schinken garniert werden.

Felchen mit Schinkenfüllung

ZUTATEN
(für 4-5 Personen):
1 Felchen von ca. 2 kg
150 Gramm Schinken
1 Zitrone
100 ml Wasser
3-4 Knoblauchzehen
1 Teelöffel Salz
2 Teelöffel gemahlener schwarzer Pfeffer
100 Gramm zerhackte Petersilie
1/2 Meter Alufolie

GONZALEZ BYASS
JEREZ
IMPORTED
DRY SHERRY
AMORA
MOUTARDE DE DIJON
Préparée au vinaigre
Krossade
VINAGRE
PROCER
Carbonell
Deinhard
FORELLENWEIN
Bereich Bernkastel
Riesling
PRODUCT OF GERMANY

Fisch muß schwimmen

„Fisch muß schwimmen", heißt es im Volksmund oder auch „Im Wein liegt die Wahrheit". Das wußten schon die alten Römer. Aber auch andere Getränke passen zu Fischgerichten, meint Christer Johansson.

Wenn man von Getränken spricht, die zu einem Fischessen gereicht werden, empfehlen die meisten ohne zu zögern einen Wein, einen trockenen Weißwein. Manchen schmeckt aber auch ein leichtes Bier. Bier paßt besonders gut zu gebackenem oder knusprig frittiertem Fisch.

Allen denen, die aus gesundheitlichen Gründen keinen Alkohol trinken dürfen, empfehle ich ein Mineralwasser mit wenig Kohlensäure.

Nur von Cola, Sprite, Seven-Up oder ähnlichen Limonaden sollten Sie die Hände lassen, weil Sie sich damit um den besonderen Genuß einer Fischmahlzeit bringen.

Wer es lieber klassisch mag, serviert einen Weißwein.

Ein Qualitätswein macht ein Fischgericht zum Festschmaus und verleiht ihm die besondere Note. Außerdem wirkt Wein als Geschmacksverstärker, damit uns der Geschmack der leckeren Mahlzeit noch lange erhalten bleibt.

Man kann eigentlich jeden trockenen Weißwein zum Fisch servieren. Welchen Wein Sie wählen, hängt von Ihrem Geschmack und Ihrem Geldbeutel ab. Trotzdem will ich Ihnen einige Richtlinien geben, welchen Wein Sie besonders gut zu Fisch servieren können.

Zu fetten Fischen wie dem Lachs paßt ein schwerer, reifer Wein. Zum kaltgeräucherten Lachs serviert man am besten einen kühlen, trockenen Sherry, einen Fino oder Manzilla oder einen trockenen Montilla. Alle genannten Sherry-Weine kommen aus Südspanien.

Gravadlachs und geräucherten Lachs begießt man am besten mit einem trockenen oder halbtrockenen Wein von Rhein oder Mosel. Auch Weine aus Rheinhessen und der Pfalz sind nicht zu verachten. Zur Lachssuppe empfehle ich Ihnen einen Riesling oder einen Gewürztraminer aus dem Elsaß. Der Pinot Blanc ist ein bekannter Elsaßwein, der hervorragend zum Gravadlachs schmeckt. Dieser Wein eignet sich überhaupt für alle Lachsgerichte.

Zu Grill- und Backfisch schmeckt am besten ein schwerer, im Faß gereifter Weißwein, zum Beispiel aus der Rioja-Region, ein Muskatwein oder ein Gewürztraminer aus dem Elsaß. Zu solch rustikalem Essen paßt aber auch ein junger Rotwein, ein Chianti oder einer der fruchtigen Weine aus Chile.

Die meisten Fischgerichte erfordern aber einfach einen trockenen oder halbtrockenen Weißwein. Mit einem Chablis, einem Muscadet, Bourgogne oder Sancerre , aber auch mit deutschen Riesling-Weinen liegen Sie selten falsch. Auch die ungarischen Weine aus den Lavaböden am Plattensee passen zu einer Fischmahlzeit. Ein weiterer süffiger Wein ist der Albariso von der spanischen Nordwestküste. Er wird aus Trauben hergestellt, die nahe der Küste wachsen und eignet sich hervorragend zu jedem Fischmenü.

Zum Schluß noch eine (hoffentlich überflüssige) Warnung: Trinken Sie Wein nie aus Plastikbechern. Ein Plastikbecher nimmt dem Wein seinen guten Geschmack und seine Blume.

Weißwein paßt zu fast jedem Fisch (großes Foto), ein Calvados (oben) rundet das Festmahl ab - und wertet so manche Soße auf.

Die Sonne geht, der Fisch kommt. Wenn's abends nach dem Angeln noch für ein Essen reichen soll, bleibt meist nur die Möglichkeit, den gefangenen Fisch zu braten.

Braten und Fritieren

Wenn's mal schnell gehen soll, dann wird Fisch einfach gebraten. Soll's besonders knusprig werden, hilft eine Friteuse. Sparen Sie dabei aber nicht am falschen Ende: Nur gutes, frisches Öl ergibt den gewünschten Geschmack.

Fritieren hat noch einen weiteren Vorteil: Die alles durchdringende Hitze zerstört die kleinen Gräten, die besonders bei Weißfischen so unangenehm sind. Um grätenreiche Fische verwerten zu können, hilft ein Fleischwolf. Auch in der Küchenmaschine oder mit einem kräftigen Pürierstab läßt sich Fischfleisch zerkleinern und eignet sich dann hervorragend zum Beispiel für Frikadellen.

So ein grätenreicher Döbel eignet sich gut für Frikadellen.

Kleine Fische werden im Ganzen knusprig gebraten. Die Hitze in der Friteuse zerstört die feinen Gräten.

Jede Menge kleine Saiblinge, wie man sie im hohen Norden fängt. Da bietet sich das einfache Braten an.

Tip

Kleine Fische, die schlecht zu häuten oder filetieren sind, sind besonders gut zum Braten. Zuerst nimmt man den Fisch aus, ohne den Kopf und die Flossen zu entfernen. Dann wird der Fisch gesalzen, durch Eigelb und Paniermehl gezogen und in Butter von beiden Seiten schnell durchgebraten. Das Ergebnis ist ein knuspriger Fisch, bei dem sich die Rückengräte und die kleinen Seitengräten einfach entfernen lassen.
Zum Brat-Fisch serviert man Schwarzbrot, Butter und Dunkelbier.

Fischburger

Hamburger bekommt man in jedem Imbiß. Fast Food aber läßt in puncto Geschmack und Nährwert stark zu wünschen übrig. Mit Fisch als Grundsubstanz jedoch erhalten Sie eine ausgewogene Mahlzeit.

Eigentlich kann man jeden Speisefisch verwenden, auch wenn sich Hecht, Barsch, Zander oder Makrele natürlich leichter verarbeiten lassen als grätenreiche Weißfische. Selbst Fischreste kann man kochen oder fritieren. Besser aber ist die Verwendung von frischem Fisch, der durch den Fleischwolf gedreht und dann mit Gewürzen und Zutaten versehen wird.

ZUBEREITUNG:
Filetieren Sie die Fische und entfernen Sie die Gräten. Zerteilen Sie das Filet an der Seitenlinie und schneiden Sie das untere Stück weg, an dem sich die starken Bauchgräten befinden. Dann wird die Haut vom Filet abgezogen. Drehen Sie das Fleisch durch das grobe Raster des Fleischwolfes und legen Sie sich einen größeren Vorrat an Fischfleisch an. Frieren Sie den Vorrat ein.
Die Zutaten für den Fischburger wählen Sie je nach Geschmack. Allerdings braucht man immer etwas Ei und einige Brotreste, um das zerkleinerte Fischfleisch zusammenzuhalten. Auch Salz und Pfeffer sind unbedingt notwendig. Ansonsten können Sie mit verschiedenen Gewürzen so lange experimentieren, bis Ihnen Ihr Fischburger schmeckt. Allgemein gesagt, eignen sich alle milden Gewürze. Neben Pfeffer und Salz reicht manchmal schon eine Prise Thymian oder Basilikum aus, um einen leckeren Fischburger herzustellen. Versuchen Sie s doch mal mit zerhackten Zwiebeln und Champignons oder dünnen Schinkenstreifen. Auch mit Shrimps, Kapern und Oliven läßt sich ein herrlicher Fischburger auf den Tisch zaubern. Eine Mischung aus Knoblauch und Petersilie, die in Wein oder Zitronensaft eingelegt sind, serviert man am besten zu Fischburgern aus Dorschfleisch.
Genau wie beim Hamburger kann man auch den Fischburger mit Tomatenscheiben, einem Salatblatt oder einigen Zwiebelringen garnieren. Zum Schluß können Sie dem Burger noch mit etwas Meeresfrüchte-Dressing oder selbstgemachter Knoblauchmayonnaise den letzten Schliff geben. Ich garantiere Ihnen, daß Sie für diesen Fischburger jeden „MacBeef“ stehen lassen.

5-Minuten-Fisch

In einer Friteuse lassen sich nicht nur leckere Pommes frites zubereiten. Auch Fisch wird darin zum schnellen Genuß.

Unsere Eßkultur hat sich in den letzten Jahrzehnten gehörig verändert. Jeder bringt sein neues Lieblingsgericht vom Urlaub aus allen Teilen der Erde mit. Davon ein bißchen, hiervon ein bißchen, so wie's die Franzosen machen und ein Hauch von Skandinavien. Die Küche ist international und multikulturell geworden. Auch Fisch ist da keine Ausnahme.

Es ist zu einem aufregenden Eß-Erlebnis geworden, Fisch in den verschiedensten Variationen zu kosten. Eine besonders interessante Sache ist fritierter Fisch. In der Mittelmeerküche ist das Fritieren schon längst üblich und weit verbreitet.

Die eine Voraussetzung: blitzsauber und frisch duftender Fisch, dazu erntefrische Zutaten und Kräuter. Kein Vergleich mit dem triefend fettigen Seelachsfilet aus der Pfanne.

Die zweite Bedingung: Unsere Freunde aus dem sonnigen Süden nehmen kein Fett zum Fritieren. Erstklassiges Olivenöl schmeckt besonders lecker. Allerdings kostet kaltgepreßtes Olivenöl etwa 10 Mark pro 1/2 Liter. Preiswerter geht es mit einfachem Sonnenblumenöl.

Die Öltemperatur sollte nicht unter 160 bis 170 Grad absinken. Die durchschnittliche Fritierzeit liegt bei drei bis acht Minuten, je nach Größe der Fischstücke.

Hier eine Auswahl leckerer Rezepte.

Wichtig fürs Fritieren ist gutes Öl. Ob man welches aus Sonnenblumen oder aus Oliven (rechts) nimmt, ist auch eine Frage des Preises.

Fisch-Koteletts mit Avocado-Creme

ZUBEREITUNG:

Den Fisch schuppen, säubern und in daumendicke Scheiben (Koteletts) schneiden. Salzen und pfeffern. Ei mit der Crème fraîche verquirlen und die Fisch-Stücke darin wenden. Kurz abtropfen lassen und sorgfältig in den Semmelbröseln wälzen. In der Friteuse fünf Minuten lang ausbacken. Für die Avocado-Creme alle Zutaten im Mixer zu einer zarten Creme verschlagen. Dazu schmecken am besten ein knuspriges, frisches Weißbrot und ein trockener Riesling-Weißwein.

ZUTATEN (für 4 Personen):

1 kg Fisch im Stück
Salz, Pfeffer
1 Ei
1 EL Crème fraîche
Semmelbrösel
Für dir Avocado-Creme:
1 reife Avocado
1 EL Olivenöl
1/2 TL Salz
Saft einer halben Zitrone
1 Messerspitze Chilipulver

Fisch-Filet mit Kräutern

ZUBEREITUNG:

Für die Panade alle Zutaten mischen, mit den Kräutern würzen. Wenn Sie keine frischen Kräuter zur Hand haben, bröseln Sie einen Maggi-Würfel in die Panade.
Die Fischfilets in Portionsstücke teilen, leicht salzen und pfeffern. Jetzt die Filets durch die Paste ziehen.
Die panierten Filets fünf Minuten lang fritieren.
Als Beilage schmecken gebratene Champignons und gedünstetes Gemüse.

ZUTATEN (für 4 Personen):
800 g Fischfilet (Hecht, Wels, Barsch)
Für die Panade:
2 Eier
1 TL Salz
2 EL Crème fraîche
6 EL Mehl
2 TL Backpulver
verschiedene Kräuter (Rosmarin, Thymian, Oregano, Knoblauch) oder
1 Maggi-Würfel

Zander-Filet mit Knoblauch-Mayonnaise

ZUTATEN

(für 4 Personen):
800 g Zander-Filet
Salz, Pfeffer, Mehl
Für die Knoblauch-Mayonnaise:
1 Ei
150 ml Sonnenblumenöl
50 ml Olivenöl
etwas Zitronensaft
1 Knoblauchzehe

ZUBEREITUNG:

Für die Knoblauch-Mayonnaise zuerst Oliven- und Sonnenblumenöl in einen Mixerbehälter geben. Jetzt ein Ei hineinschlagen. Sorgfältig mit einem Mixer verschlagen, bis die Masse cremig ist. Erst jetzt Zitronensaft, Salz und die zerkleinerte Knoblauchzehe zugeben. Nochmals durchmixen. Zander-Filet in Portionsstücke teilen. Kurz in Mehl wenden und fünf Minuten lang fritieren.
Dazu passen hervorragend ein frischgebackenes Weißbrot und ein Glas Gewürztraminer aus Rheinhessen.

Fisch-Kroketten

Kroketten kommen ursprünglich aus Frankreich. Dort nennt man die fritierten Rollen aus Kartoffelmus, Fleisch-, Hühnchen- oder Fischstücken so. Wir verwenden natürlich Fisch. Besonders gut für Fischkroketten eignet sich der Seehecht mit seinem weichen Fleisch. Das Rezept funktioniert aber auch mit anderen Fischen wie Zandern, Dorschen oder Hechten.

ZUTATEN (für 4-6 Personen):
1 ganzer Fisch (ca. 1 kg)
50 ml Wasser
1 Eßlöffel Öl
2 Eßlöffel Mehl
1/4 Liter Milch
1 Fischwürfel
1 Eßlöffel Petersilie
50 Gramm zermahlener Käse
Salz
frisch gemahlener schwarzer Pfeffer
2 Eier, Mehl und Brotkrumen zum Panieren
Olivenöl zum Anbraten

ZUBEREITUNG:

Säubern und häuten Sie den Fisch. Entfernen Sie die Gräten und schneiden Sie das Fleisch in schmale Streifen. Dünsten Sie das Fleisch bei mittlerer Hitze in 50 ml Wasser etwa 5 Minuten lang auf.

Bereiten Sie die Kroketten: Das Öl, das Mehl und der Fischwürfel und die Milch werden unter ständigem Rühren erhitzt. Wenn die Masse fester wird, fügt man die Petersilie und den gut abgetropften Fisch hinzu. Das Ganze gut durchrühren.

Danach gibt man den zerriebenen Käse in die Masse, fügt Peffer und Salz hinzu und läßt sie bei niedriger Hitze zehn Minuten lang köcheln, bis die Masse fest wird. Sie kommt, wenn sie etwas abgekühlt ist, in den Kühlschrank, wo sie für einige Stunden bleiben muß.

Wenn die Masse ausgekühlt ist, müssen Sie sie in 8 Zentimeter lange und 2 Zentimeter breite Kroketten rollen. Die oben genannte Menge ergibt etwa 25 Kroketten. Die Kroketten werden in Mehl gewälzt und durch ein Ei und Paniermehl gezogen.

Legen Sie nun die Kroketten in das erhitzte Bratöl (besonders eignet sich eine Friteuse). Auf jeden Fall müssen die Kroketten vom Öl bedeckt sein. Wenn die Kroketten fertig sind, kommen sie zum Abtropfen auf einen Teller, der mit Küchenpapier ausgelegt ist.

Sie werden heiß serviert, mit dazu passendem Gemüse, einem Salat, einem Sahne-Dressing oder mit Mayonnaise.

Manchmal, zum Beispiel im Urlaub, ist Angeln ein Kinderspiel. Und auch manche Zubereitungsart ist kinderleicht. Für das Backen gilt das allerdings nicht. Dafür ist das Ergebnis umso schöner.

Backfisch

Gebackener Fisch verleiht der Fischküche eine völlig neue internationale Dimension. Piroggen (Russischer Teig), Pasteten (Pies), Pizza und Empanadas verbreiten einen verführerischen Duft in der Küche, während die Zutaten im Ofen überbacken werden.

Eine Pastete ist nicht so schwierig zu backen, wie manche glauben. Und wenn sie erst einmal fertig ist, braucht man auch nichts weiter als einen gemischten Salat dazu. Und natürlich ein gutes Bier oder ein Glas Rotwein. Wer ganz perfekt sein will, serviert seinen Gästen noch eine hausgemachte Mayonnaise oder eine feine Kräutersoße. Wichtig ist, daß das Fischfleisch für die Füllung völlig grätenfrei und nicht zu fett ist. Die Zanderfilets, mit denen wir das Rezept ausprobiert haben, waren perfekt. Darüber hinaus können Sie auch die Zutaten verändern: mit Pilzen, Zwiebeln, Schinken, Kräutern und Käse. Vergessen Sie aber nicht aufzuschreiben, was Sie verwendet haben, denn manchmal merkt man erst hinterher, wie toll die Mischung wirklich war. Außerdem macht es immer Eindruck, wenn Sie auf Nachfrage der begeisterten Gäste ein abgegriffenes Rezept zum Beweis Ihrer Kreativität vorlegen können. Genug des Vorgeschmacks, jetzt backen wir eine festliche Pastete.

Euro-Pizza

Man nehme: einen deutschen Hecht, ein italienisches Teigrezept, eine spanische Köchin und einen schwedischen Fotografen. Heraus kommt eine grenzenlos gute Hecht-Pizza.

ZUTATEN (für 2 - 3 Personen):

Teig:
ca. 170 g Mehl
1 Teelöffel Backpulver
1/2 TL Salz
75 ml Milch
2 Eßlöffel Olivenöl

Belag:
400 g Hechtfilet
1 grüne Paprika
2 rote Zwiebeln
6 - 8 große Champignons
6 - 8 Oliven (entsteint)
2 TL Olivenöl
3 EL Tomatenmark
1/2 TL Paprika edelsüß
Pizza-Gewürz (oder Gewürzmischung nach eigener Wahl)
2 - 3 Scheiben Frühstücksspeck
1 Tomate
100 g geraspelter Käse
Oregano (1 EL getrocknet oder doppelte Menge frisch)

ZUBEREITUNG:

Die Zutaten für den Teig in einer Schüssel vermischen. Kneten, bis der Teig nicht mehr an der Schüssel haftet. Auf einer bemehlten Arbeitsfläche ausrollen, auf ein gefettetes Backblech oder eine runde Pizzaform legen. Rundum einen Rand bilden. Kühl stellen. Paprika in kleine Stücke schneiden. Zwiebeln kleinhacken, Champignons und Oliven in feine Scheiben schneiden.
Alles mischen, leicht salzen und in dem Olivenöl bei mittlerer Hitze anbraten, bis das Gemüse goldbraun ist. Gemüse aus der Pfanne nehmen.
Hechtfilets in Streifen schneiden, salzen und bei niedriger Hitze im restlichen Öl der Gemüsepfanne höchstens fünf Minuten dünsten.
Das Tomatenmark mit den Gewürzen und dem Paprikapulver mischen. Gleichmäßig auf dem Teig verteilen. Die Hälfte der Käseraspel darüber verteilen. Auf diese Lage kommt das Gemüse und der Fisch. Mit Speckstreifen und Tomate garnieren und mit dem restlichen Käse sowie dem Oregano bestreuen.
Bei 225 Grad auf mittlerer Schiene des Backofens 10 bis 15 Minuten garen.

Zander-Pastete mit Porree und Garnelen

ZUBEREITUNG:

Wasser, Mehl und zerkrümelte Butter zu einem weichen Teig verarbeiten und mindestens eine Stunde in den Kühlschrank stellen. Der Teig läßt sich auch am Vortag zubereiten (und kühl lagern).
Paprika und Lauch würfeln, Petersilie hacken, Pilze in Scheiben schneiden. Alles in Butter anbraten (ca. 5 Minuten). Sahne, Milch, Mehl, Bouillonwürfel und eine Prise Pfeffer zugeben. Umrühren und einige Minuten bei schwacher Hitze köcheln. Den Fisch 3 bis 5 Minuten mit den Gewürzen im Wasser dünsten. Mit einer Schöpfkelle vorsichtig herausheben und gut abtropfen lassen. Das Fischfleisch zerpflücken und unter die übrige Füllung mischen.
Den Teig in zwei Hälften ausrollen, eine als "Deckel" beiseite legen. Mit der anderen die gefettete Pastetenform auskleiden. Die Füllung zugeben, die Krabben gleichmäßig verteilen, großzügig mit Käse bedecken. Dann den Teigdeckel auflegen, die Ränder vorsichtig andrücken, mit einer Gabel einige Löcher einpieksen.
Im Backofen (mittlere Schiene) bei 225 Grad ca. 30 Minuten backen.

ZUTATEN (für 4 - 6 Personen):

für den Teig:
200 g Mehl
200 g Butter
5 Eßlöffel Wasser
für die Füllung:
1 Stange Lauch
1/2 Bund Petersilie
100 - 150 g Champignons
1/2 grüne Paprika
2 Eßlöffel Butter
0,2 l Milch
100 g Sahne
1 Brühwürfel
1 Eßlöffel Mehl
gemahlener weißer Pfeffer
400 g Zander-Filet (oder ähnlichen Fisch), grätenfrei
2 - 3 Pimentkörner
10 Pfefferkörner
1 Lorbeerblatt
Salz
1/2 l Wasser
100 g Krabbenfleisch
einige Scheiben Käse (möglichst würzig und cremig)

Tip

Wenn Sie ein wenig Glanz auf Ihre Pastete zaubern wollen (Fische so kunstvoll zu formen wie unsere Köchin, ist sicher nicht jedermanns Sache), dann bestreichen Sie die Pastete mit einer Mischung aus Milch und einem verquirlten Ei.

Fisch in der Tasche

Teigtaschen (Empanadas) sind besonders in Spanien als Mittagessen oder auch als Zwischenmahlzeit sehr beliebt. Selbst nach dem Einfrieren schmecken sie immer noch gut. In Rußland nennt man solche Teigtaschen Piroggen. Dort gelten sie als Nationalgericht.

Empanadas oder Piroggen schmecken deshalb so gut, weil man alle Aromen und Zutaten, die sich im Teig befinden, herausschmeckt. Und wenn Sie das nächste Mal am Wasser sind, packen Sie sich einfach ein paar Empanadas als Wegzehrung ein. Empanadas kann man entweder fritieren (wie im vorigen Kapitel beschrieben) oder im Ofen backen. Die Füllung ist entweder cremig oder trocken. Die Füllungen von Mary Paz' Empanadas sind immer sehr cremig.

ZUTATEN

(für 30 - 35 Empanadas):
1 große gehackte Zwiebel
2 Eßlöffel gehackte Petersilie
1 gewürfelte rote Paprika
1 ausgepreßte Knoblauchzehe
4 gehackte Champignons
4 Scheiben Parma Schinken oder kalt geräucherter Schinken
2 Eßlöffel trockener Sherry oder trockener Weißwein
300 ml Sahne
1 Eßlöffel Mehl (in 50 ml Milch gelöst)
500 Gramm Fischfilet (jeder Fisch ist geeignet)
2 hartgekochte Eier
Salz und Pfeffer
1 Eigelb

ZUBEREITUNG:

Teig: *Benutzen Sie denselben Hefeteig wie für die Zanderpastete (siehe Vorseite). Man kann auch schon küchenfertigen, gefrorenen Hefeteig kaufen. Der ist dann zwar teurer, erspart Ihnen aber viel Arbeit.*

Füllung: *Vermischen Sie Zwiebeln, Petersilie, Paprika, Schinken, Knoblauch und Champignons und dünsten Sie das Ganze in etwas Olivenöl, bis die Zutaten weich werden. Fügen Sie dann den Wein hinzu, und rühren Sie die Mischung gut durch. Geben Sie die Sahne und das in Milch gelöste Mehl dazu. Lassen Sie alles auf kleiner Flamme unter ständigem Rühren köcheln. Dann wird die Füllung mit Pfeffer und Salz abgeschmeckt.*

Geben Sie nun den schon leicht angebratenen Fisch in kleinen Würfeln zur Mischung und lassen Sie sie für weitere 2-3 Minuten bei niedriger Flamme köcheln. Nehmen Sie die Pfanne vom Herd und fügen Sie die hartgekochten Eier in kleinen Stücken dazu.

Rollen Sie den Hefeteig dünn aus. Schneiden Sie Stücke von der Größe einer Untertasse aus. Geben Sie einen Eßlöffel der Füllung auf den Teig. Die Ränder werden mit etwas Eigelb bestrichen, bevor man den Teig zusammenrollt und die Ränder zusammenpreßt. Legen Sie danach die Teigtaschen auf ein mit Butter bestrichenes Backblech.

Auf die Oberseiten der Teigtaschen streicht man etwas Eigelb. Die Teigtaschen werden 15-20 Minuten bei 225 Grad im Ofen gebacken.

Serviert werden sie mit einem kühlen Bier oder einem Rotwein. Auch ein Salat paßt gut zu den Teigtaschen. Guten Appetit!

Fisch exotisch

Dieses Fischgericht eignet sich zu formellen Anlässen, aber auch im Kreise der Familie. Um es herzustellen, braucht man aber etwas länger Zeit. Als Lohn für die Mühe erhält man aber ein sehr exotisch schmeckendes Menü. Mit orientalischen Zutaten, die man eher in der Weihnachtsbäckerei vermuten würde.

ZUTATEN (für 6 Portionen):
Fisch und Füllung:
1 kg Fischfilet
2 kleingehackte Knoblauchzehen
4 Eßlöffel Olivenöl
200 Gramm geröstete Mandeln
Salz
4 Eßlöffel zerhackte Petersilie
2 Gewürznelken
gemahlener schwarzer Pfefer
Cheddar-Käse
Für die Gratin-Soße:
3 Eßlöffel Öl oder Butter
Mehl zum Andicken (am besten Maismehl)
Eine große zerhackte Zwiebel
1/2 Teelöffel Salz
1/2 Teelöffel Pfeffer
300 Gramm Sahne (Kaffeesahne)
300-400 ml Milch
1 hartgekochtes Ei
1 kleine Zimtstange
Zitronenschale
100 Gramm Champignons
1 Eßlöffel zerhackte Petersilie
1 Tomate
250 Gramm geschälte Shrimps

ZUBEREITUNG:
Dünsten Sie den Knoblauch, die Gewürznelken und die Petersilie im Öl kurz an. Fügen sie dann die gerösteteten und gemahlenen Mandeln hinzu. Rühren Sie das Ganze gut durch und lassen Sie es auf kleiner Flamme fünf bis zehn Minuten weiterkochen.
Bestreichen Sie eine feuerfeste Backform mit Öl. Bedecken Sie den Boden der Form mit der Hälfte der Filets. Dann salzen und pfeffern. Bedecken Sie den Fisch mit der Füllung und decken Sie diese wiederum mit den restlichen Fischstücken ab. Nun

noch einmal salzen und pfeffern. Zum Schluß gibt man die Käsescheiben auf den Fisch. Die zerhackte Zwiebel wird in der Pfanne kurz angebraten. Fügen Sie langsam Sahne, Milch und Mehl zu, bis die Soße etwas fester wird. Dann kommen Salz, Pfeffer, Zitronenschale und Zimt unter die Soße.
Das hartgekochte Ei wird dann zerbröselt und zusammen mit den Champignons und den zwei Eßlöffeln Petersilie beigegeben. Unter ständigem Rühren kocht man die Soße bei niedriger Hitze 8 bis 10 Minuten leicht auf. Wenn notwendig, geben Sie noch etwas mehr Milch oder Mehl dazu.
Gießen Sie die Soße in die Backform über den Fisch. Der Fisch muß ganz bedeckt sein. Dann schneiden Sie die Tomate in Streifen, pulen Sie die Shrimps und garnieren Sie den Fisch damit, zusammen mit den restlichen Champignons und der Petersilie.
Die Backform kommt dann 20 bis 25 Minuten in den auf 200 Grad vorgeheizten Ofen. Der Fisch wird mit Kartoffeln und frischem Gemüse serviert.

Nicht jeder Meeresfisch ist so einfach zuzubereiten (und zu fangen) wie die Makrele. Sie wird am besten frisch gebraten oder goldgelb geräuchert. Für andere Fische braucht man mehr Phantasie.

Dorsch und mehr

Der Dorsch gehört zu den Fischen mit dem niedrigsten Fettgehalt. Außerdem ist er der beliebteste Speisefisch aus dem Meer. Er hat einen neutralen Geschmack und eignet sich deshalb für fast jedes Fischgericht. Gebraten, gekocht, gebacken, eingelegt oder durch den Fleischwolf gedreht: Dorsch schmeckt einfach immer.

Griechischer Dorsch

ZUBEREITUNG:

Knoblauch und Petersilie fein hacken. Olivenöl in die Pfanne geben und erhitzen. Legen Sie die gesalzenen Fischfilets in die Pfanne, und schalten Sie den Herd auf mittlere Hitze. Streuen Sie den fein gehackten Knoblauch und die Petersilie über den Fisch. Drehen Sie den Fisch nach einer Zeit um, und lassen Sie ihn bei mittlerer Hitze gar werden. Heben Sie den Fisch auf einen Teller, und servieren Sie ihn warm. Reichen Sie Weißbrot zum Fisch. Damit kann man die leckere Soße „aufstippen“.

ZUTATEN

(für 3-4 Personen):
700-800 Gramm Dorschfilet
5-6 Knoblauchzehen
3-4 Eßlöffel gehackte Petersilie
Olivenöl
Salz

Dorsch „Normandie"

Ob in der Brandung oder vom Kutter: Dorsche sind nicht schwer zu fangen. Eine köstliche Variante für unseren beliebtesten Meeresfisch haben wir in der Normandie entdeckt: Dorsch auf normannische Art.

ZUTATEN

(für 3-4 Personen):
500 Gramm Dorschfilet
1 Apfel
1 Zwiebel
1 Tasse Crème fraîche
2 Eßlöffel gesalzene Erdnüsse
1 Eßlöffel Senf
Salz, Pfeffer

ZUBEREITUNG:

Den Backofen auf 225 Grad vorheizen. Dorsch-Filets in Stückchen schneiden und in eine ofenfeste Form geben. Zwiebel, Apfel und Erdnüsse kleinhacken und zusammen mit dem Senf unter die Crème fraîche rühren. Nach Geschmack salzen und pfeffern. Jetzt die Masse über den Fisch verteilen und alles etwa 30 Minuten im Ofen backen. Als Beilage reicht man Reis und Salat.

Dorsch in Zitronenmarinade

ZUTATEN (für 4-5 Personen):
1/2 kg Dorschfilet
5-6 Zitronen
3 rote Paprika
3 mittelgroße Zwiebeln
3 Tomaten
Salz
1 Teelöffel weißer Pfeffer
100 ml Olivenöl
1 Bund Petersilie

ZUBEREITUNG:
Schneiden Sie die Filets in zentimetergroße Stücke. Pressen Sie die Zitronen aus, und geben Sie den Saft in eine Schüssel. Fügen Sie die Fischstücke dazu und lassen Sie das Ganze für 2 1/2 Stunden ziehen. Sorgen Sie dafür, daß alle Fischstücke gut mit Zitronensaft bedeckt sind. 30 Minuten vor Ablauf der Zeit zerhacken Sie die Zwiebeln in kleine, feine Stücke. Geben Sie sie in ein Sieb und fügen Sie einen Eßlöffel Salz zu. Spülen Sie die Zwiebeln dann mit Wasser ab. Fügen Sie einen weiteren Eßlöffel Salz hinzu und wiederholen Sie das Ganze. Durch das Abspülen wird der scharfe Zwiebelgeschmack abgeschwächt.
Dann gibt man die Zwiebeln in die Schüssel mit dem Fisch und rührt alles gut durch. Entfernen Sie die Samen aus zwei der Paprika und geben Sie die Paprika mit 50 ml Wasser in einen Mixer, bis eine weiche Paste entsteht. Auch diese Paste wird unter den Fisch und die Zwiebeln gehoben.
Zerschneiden Sie die letzte Paprika, die Petersilie und die Tomaten und fügen Sie das Ganze dem marinierten Fisch bei. Zum Schluß kommen die Gewürze: 2 Teelöffel Salz, 1 Teelöffel fein gemahlener, weißer Pfeffer und 100 ml Olivenöl. Nun kann der Fisch serviert werden. Nach einer halben Stunde im Kühlschrank schmeckt er aber noch besser. Garniert wird der marinierte Fisch mit Petersilie und frischem Gemüse.

Diese Fischmahlzeit ist recht einfach herzustellen. Der Fisch wird nicht gekocht oder gebraten, sondern einfach nur in die Zitronenmarinade eingelegt. Das Gericht stammt aus Südamerika und dem Südpazifik. Dort wird der Adlerfisch so zubereitet. Die Soße zum Fisch wird in Südamerika „salsa de tigre" genannt und soll die Potenz stärken.

Anstelle von Adlerfischen, die meist schwer in Fischläden zu bekommen sind, kann man aber Dorsche verwenden. Da der Fisch praktisch roh bleibt, empfehle ich Ihnen, tiefgefrorenen Fisch zu verwenden. Der marinierte Fisch wird kalt serviert und ist ein hervorragendes Sommeressen.

Dorsch pur

Salz und Senf, ein wenig Butter und Mehl; mehr brauchen skandinavische Angler nicht, um aus ihren reichen Dorschfängen ein deftiges Menü zu bereiten. Einfach, schnell und schmackhaft, das ist die Devise für dieses „Junggesellen-Rezept".

ZUBEREITUNG:

Bringen Sie Wasser in einem großen Topf mit einer Prise Salz zum Kochen. Schneiden Sie den Dorsch in daumendicke Koteletts und geben Sie diese in das kochende Salzwasser. Wenn der Fisch nach etwa 10 Minuten gar ist, heben Sie die Stücke vorsichtig mit einem großen Schaumlöffel aus dem Topf.

Dazu gibt es entweder frisch gemahlenen Meerrettich und zerlassene Butter oder eine Senfsoße. Für die Senfsoße bereiten Sie, noch während der Fisch kocht, eine klassische Mehlschwitze vor: 1 1/2 Eßlöffel Butter in einer Kasserolle zerlassen. 3-4 Eßlöffel Weizenmehl mit dem Schneebesen unterrühren und unter ständigem Rühren bräunen. Dazu geben Sie nach und nach 1/4 Liter des Fischsuds und lassen das Ganze noch ca. 5 Minuten auf kleiner Flamme köcheln.

Zum Schluß fügen Sie 2-3 Teelöffel scharfen Senf zu und verrühren das Ganze noch einmal gründlich. Fertig ist eine einfache Senfsoße, die sich geschmacklich noch durch Kräuter und Gewürze oder einen Schuß saurer Sahne verfeinern läßt. Aber wie gesagt, dieses Rezept zeichnet sich vor allem durch seine Einfachheit aus.

Auch die Dekoration entspricht diesem Grundsatz: Zitronen- und Tomatenscheiben, ein paar Blatt Kopfsalat, eine rote Paprikaschote und etwas Petersilie machen den schlichten Dorsch bunt.

Dorsch Sandwich

Käse und Schinken sind die traditionellen Zutaten zu einem Sandwich. Anstelle von Brot kann man aber auch Dorschfleisch nehmen. Dazu gibt es einige Scheiben reifen Cheddarkäse oder Schinken zum Fisch.

ZUBEREITUNG:

Schneiden Sie das grätenfreie Filet in Sandwichgröße. Legen Sie zwei Scheiben Käse und eine Scheibe Schinken zwischen den Fisch. Der Schinken sollte zwischen den Käsescheiben liegen, damit der Käse direkten Kontakt zum Fisch hat. Drücken Sie das Sandwich zusammen, salzen und pfeffern Sie die Außenseite, und geben Sie noch einige aromatische Gewürze bei. Das Sandwich durch Eigelb und Paniermehl ziehen. Bei mittlerer Flamme durchbraten, bis der Fisch eine leckere braune Farbe annimmt.

Wenn man feingehackte, leicht angebratene Zwiebeln, Champignons und Crème fraîche vermischt, bekommt man eine leckere, sahnige Soße zum Sandwich. Die angebratenen Zutaten sollten sich aber erst abgekühlt haben. Je nach Geschmack, fügen Sie frisch geschnittenen Dill dazu. Die Soße wird kalt serviert und sollte schon im voraus zubereitet werden. Wer Knoblauch liebt, kann die Soße durch Zugabe einer Knoblauchzehe noch verfeinern. Nehmen Sie aber nicht mehr als drei Knoblauchzehen!

Servieren Sie das Sandwich mit Gemüse und Reis. Mit einem guten Glas Weißwein und einem Dorschsandwich auf dem Teller fühlt man sich wie in einem 5-Sterne-Restaurant.

Hering in Zitrone

Für den Hering gibt es unzählige Rezepte. Hier haben wir ein leckeres Rezept, das einen Schritt weiter geht: Man bereitet den Hering mit Olivenöl, Wein, Rosmarin und Zitrone zu. Unser Urteil: einfach, schnell und lecker.

ZUBEREITUNG:

Die Heringe sorgfältig schuppen und säubern. Geben Sie das Olivenöl in eine kleine, feuerfeste Form. Legen Sie nun den Fisch in die Form. Zerkleinern Sie die Lorbeerblätter und das Rosmarin in einem Mörser grob (bitte nicht zu Pulver verarbeiten), und geben Sie die Mischung über den Fisch.
Drücken Sie zum Schluß die Zitronen aus, vermischen Sie den Saft mit dem Weißwein, und gießen Sie alles in die Ofenform. Geben Sie den Fisch bei 200 Grad 20 Minuten in den Ofen. Begießen Sie den Fisch ab und zu mit der Flüssigkeit, damit er nicht austrocknet. Servieren Sie den Hering mit Pellkartoffeln und einer würzigen sauren Soße aus dem Sud. Zum Trinken reicht man ein gekühltes Bier.

ZUTATEN

(für 3-4 Personen):
10 mittelgroße Heringe
2 Eßlöffel Olivenöl
1 Teelöffel Salz
1 Teelöffel weißer Pfeffer
4 Lorbeerblätter
1 Eßlöffel Rosmarin
2 Zitronen
2 Eßlöffel Weißwein.

Hering in Tomate

ZUBEREITUNG:

Säubern Sie den Hering, und entfernen Sie die Rückengräte. Spülen Sie den Fisch unter kaltem Wasser ab, und lasssen Sie ihn abtropfen. Bestreichen Sie eine ofenfeste Form mit hohem Rand mit Butter. Rollen Sie die Heringe mit dem Fleisch nach außen zusammen, und legen Sie sie eng zusammen in die Ofenform.
Nun wird die Zwiebel fein gehackt. Vermischen Sie das Tomatenmark, den Weinessig und das Öl mit einigen Eßlöffeln Wasser. Würzen Sie die Masse mit Salz oder Cumin. Gießen Sie die Tomatensoße über den Fisch. Streuen Sie die Zwiebel und den Pfeffer darüber. Im Ofen wird der Fisch für 25 Minuten bei 225 Grad gebacken. Dieses Heringsgericht ißt man mit Stampfkartoffeln. Oder servieren Sie die Heringsröllchen kalt auf einer Scheibe Weißbrot, garniert mit frischen Gurkenscheiben und Dill.

ZUTATEN (für 4 Personen):

1 Kilo Heringe (ca. 600 Gramm Filet)
5 Eßlöffel Tomatenmark
1 1/2 Eßlöffel Weinessig
2 Eßlöffel Öl
1 1/2 Teelöffel Salz
1 Zwiebel
6 zerstoßene Gewürznelken
1/2 Teelöffel zerstoßene weiße Pfefferkörner
(evtl. Cumin)

Hering in Wacholder

ZUBEREITUNG:
Säubern und spülen Sie die Heringe. Bedecken Sie den Boden einer Kasserolle oder einer feuerfesten Form mit fein zerhackten Wacholderzweigen. Fügen Sie etwas Wasser und Salz zu. Legen Sie dann die Heringe eng zusammen auf das Wacholderbett und geben Sie noch soviel Wasser zu, daß die Heringe so eben bedeckt sind. Decken Sie die Heringe mit einem Stück fettbeständigem, mit Butter bestrichenem Papier ab. Verschließen Sie die Kasserolle mit dem Deckel. Kochen Sie den Fisch kurz auf und lassen Sie ihn auf niedriger Flamme einige Minuten lang ziehen.
Der Fisch wird direkt aus der Kasserolle mit zerlassener Butter, zerhackter Petersilie und Kartoffeln serviert.

ZUTATEN (für 3-4 Personen):
1 Kilo Heringe
1 1/2 Teelöffel Salz
2 Eßlöffel Butter
2 Eßlöffel gehackte Petersilie
frische Wacholderzweige
fettbeständiges Papier

Gefüllte Scholle

Scholle, Kliesche, Flunder: Die Plattfischarten, an unseren Küsten einfach Butt genannt, werden von vielen zu den absoluten Delikatessen aus dem Meer gezählt. Neben der Seezunge ist besonders die Scholle heiß begehrt.

ZUBEREITUNG:

Geben Sie den Fisch mit einigen Eßlöffeln Öl in eine ofenfeste Form. Öffnen Sie den Fisch am Rücken und heben Sie von beiden Seiten das Fleisch von den Knochen ab. Drücken Sie den Saft einer halben Zitrone in den Fisch. Dann wird der Fisch gepfeffert und gesalzen. Geben Sie die Paprika, die Petersilie und die zerhackten Shrimps zu den Champignons in die weiße Soße. Füllen Sie den Fisch mit der Mischung. Backen Sie den Fisch im Ofen 20-25 Minuten bei 225 Grad.
Serviert wird die Scholle mit Kartoffeln und gekühltem Weißwein.

ZUTATEN

(für 3 Personen):
1 Scholle von 700-800 Gramm
1 Dose Champignons in weißer Sauce
2 Eßlöffel zerhackter roter Paprika
1 Eßlöffel fein gehackte Petersilie
20 Shrimps, in kleine Stücke gehackt
1 Zitrone
Salz, weißer Pfeffer
Olivenöl

Flunder in Weinsoße

ZUBEREITUNG:

Zuerst wird der Fisch gesäubert und enthäutet. Größere Flundern kann man auch filetieren. Dann hat man weniger Probleme mit den Gräten. Erhitzen Sie etwas Öl in der Pfanne, und dünsten Sie eine Lauchstange auf niedriger Flamme in dem Öl. Salzen und pfeffern Sie den Fisch, geben Sie ihn in die Pfanne, und lassen Sie ihn für ein oder zwei Minuten aufkochen. Begießen Sie ihn dann mit dem würzigen, trocknen Weißwein, und lassen Sie den Fisch kochen bis er gar ist. Meistens brauchen wir den Fisch nicht zu wenden, weil Flundern oft sehr dünn sind und schnell durchgaren.

Nehmen Sie den Fisch aus der Pfanne und rühren Sie etwas Crème fraîche und fein gehackten Dill in den Zwiebelsud, der in der Pfanne zurückgeblieben ist. Wenn nötig, verdünnen Sie das Ganze mit etwas Wein. Das Ergebnis ist eine herrlich cremige Soße, die man zum Fisch serviert.

Obwohl die Flunder vielleicht nicht so gut schmeckt wie die Scholle, ist sie bei richtiger Zubereitung eine Leckerei.

Vergessene Delikatesse

Auf dem Fischmarkt wird der kleine Dornhai ausgenommen, gehäutet und ohne Kopf, als „Nordseeaal" vermarktet. Geräuchert werden seine Bauchlappen als Schillerlocken vermarktet.

Aus unerfindlichen Gründen sind Dornhai-Rezepte sehr rar, aber mit etwas Phantasie und den Ratschlägen erfahrener Angler haben wir für Sie ein Rezept zusammengestellt. Versuchen Sie es. Dornhai schmeckt irgendwie anders, aber doch delikat.
Ein Dornhai muß allerdings so schnell wie möglich nach dem Fang versorgt werden, weil die Fische nach dem Abschlagen sehr schnell einen unangenehmen Ammoniakgeschmack entwickeln. Besonders bei warmem Wetter ist Vorsicht geboten!

Links: Dornhai, in Ei und feingemahlenen Erdnüssen gewälzt und in Sonnenblumenöl gebraten. Der Fisch wird mit hausgemachter Mayonnaise und gerösteten Champignons serviert .
Rechts: Dornhai, zweimal durch Ei und Brotkrumen gezogen und in Olivenöl gebraten; Reis, Gemüse und ein temperierter Wein dazu sorgen für eine erlesene Mahlzeit.

Teuflisch gut

Der Anglerfisch ist keine Schönheit aber sein Fleisch schmeckt außergewöhnlich delikat. Es ist fest, weiß und ohne Gräten. Vielleicht ist der Seeteufel der schmackhafteste Seefisch überhaupt..

In Deutschland nennt man den Anglerfisch „Seeteufel", in Norwegen in Anspielung auf das breite Maul des Fisches „breiflabb". Auf dem Fischmarkt bekommt man ihn gehäutet und ohne Kopf als „Kotelettfisch". Vor der norwegischen Küste fängt man den Seeteufel relativ häufig auf Lebendköder am Grund. Wenn Sie also das nächste Mal in Norwegen sind, sollten Sie Ihr Glück ein oder zwei Tage auf Seeteufel versuchen. Es ist schon ein Abenteuer, einen solch häßlichen Fisch zu fangen, aber wenn er erst mal an Land ist, dann steht Ihnen ein kulinarischer Hochgenuß bevor.

ZUTATEN (für 3-4 Personen):

700 Gramm Seeteufel
1 große Zwiebel, fein gehackt
2 Knoblauchzehen, fein gehackt
1 Eßlöffel Tomatenmark
1 Eßlöffel französischer Dijon Senf
200-250 ml guten Weißwein
50 ml Olivenöl
1 Eßlöffel Butter
1 1/2 Teelöffel getrockneter Thymian
eine Prise Rosmarin
Salz
500 Gramm frischer Spargel

ZUBEREITUNG:

Schneiden Sie den Fisch in handliche Koteletts, salzen Sie ihn (aber nicht zu stark) und bestreuen Sie die Koteletts mit Rosmarin und Thymian. Verwenden Sie nur die Hälfte der Gewürze, die andere Hälfte gehört auf die andere Seite der Fischkoteletts.

Geben Sie das Olivenöl und die Butter in eine Pfanne und braten Sie die Koteletts bei mittlerer Hitze durch. Geben Sie dann Zwiebeln, Knoblauch, Tomatenmark und Senf dazu und dann den Wein. Lassen Sie das Ganze bei niedriger Hitze und geschlossenem Deckel 15 Minuten lang ziehen.

Während der Fisch in der Weinsoße gart, schälen wir den Spargel und entfernen wir holzigen Enden. Dann wird der Spargel leicht gesalzen und bei niedriger Hitze in dem Olivenöl angebraten, bis er weich wird. Die Seeteufelkoteletts kommen mit Spargel und Weißbrot auf den Tisch.

Fischauflauf aus Portugal

Fische zu trocknen und zu salzen ist eine uralte Methode, um sie zu konservieren. Nahrung zu trocknen ist die älteste Form der Haltbarmachung überhaupt. Danach kam das Einsalzen.

Die Hauptzutaten für dieses Rezept sind gesalzener Dorsch, Kartoffeln und Zwiebeln. Was diesem Fischgericht aber die besondere Note verleiht, ist Olivenöl. Kein anderes Öl ist für diese Fischmahlzeit geeignet.

ZUTATEN

(für 4-5 Personen):
700 Gramm gesalzener Dorsch
125 ml Olivenöl
6 mittelgroße Kartoffeln
4 mittelgroße, in Scheiben geschnittene Zwiebeln
1 fein gehackte Knoblauchzehe
15-20 schwarze Oliven
Zum Garnieren:
5 hartgekochte Eier, in Streifen geschnitten
2 Eßlöffel fein gehackte Petersilie

ZUBEREITUNG:

Lassen Sie den gut gesalzenen Dorsch 15-20 Stunden in Wasser einweichen. Wechseln Sie das Wasser während der Zeit drei- oder viermal. Kochen Sie die Kartoffeln mit Schale. Erst wenn sie abgekühlt sind, werden die Kartoffeln geschält und in 1/2 cm dicke Scheiben geschnitten. Dann stellt man sie zur Seite.
Nun legt man den Fisch mit Wasser in die Kasserolle, so daß der Fisch gerade eben bedeckt ist. Man läßt ihn auf höchster Flamme aufkochen und schmeckt das Wasser ab. Ist es zu salzig, wird das Wasser gewechselt. Nun verringert man die Hitze und läßt den Fisch ca. 20 Minuten lang

köcheln, bis er auseinanderfällt, wenn man ihn mit einer Gabel testet.
Lassen Sie nun den Fisch gut abtropfen. Entfernen Sie die Haut und die Gräten, und zerteilen Sie das Fischfleisch in seine natürlichen Lamellen. Erhitzen Sie bei mittlerer Flamme das Olivenöl in der Pfanne. Geben Sie die Zwiebelscheiben dazu, und rösten Sie sie unter ständigem Rühren, bis sie weich und leicht braun werden. Nehmen Sie nun die Pfanne vom Ofen. Wenn sich das Öl etwas abgekühlt hat, geben Sie den Knoblauch dazu.
Erhitzen Sie den Ofen auf 200 Grad. Bestreichen Sie eine 5-7 cm hohe feuerfeste Form mit dem Öl. Nun kommt die Hälfte der Kartoffeln auf den Boden der Form, darüber die Hälfte des Fisches und die Hälfte der Zwiebeln. Wiederholen Sie das Ganze mit den übrigen Zutaten und achten Sie auf gleichmäßige Schichten. Gießen Sie das Olivenöl aus der Pfanne über die Schichten.
Auf dem mittleren Blech im Ofen wird der Fisch nun etwa 20 Minuten gebacken, bis er oben leicht braun wird.
Garnieren Sie den Fisch mit Ei-Scheiben, schwarzen Oliven und zerhackter Petersilie. Servieren Sie den Auflauf direkt aus dem Ofen. Würzen Sie das Ganze je nach Geschmack mit Weinessig, Olivenöl und frisch gemahlenem schwarzen Pfeffer.

Abendstimmung auf dem See. Was auch immer beißt, ist willkommen, denn für eine würzige Suppe eignen sich fast alle Fischarten.

Fischsuppen

Bouillabaisse, Chowder, Soljanka, Haltszle, Sopa de Rape : Fischsuppen haben sich in vielen Ländern einen klangvollen Namen verdient.

Überall, wo es viele Fische gibt und man leicht an Fische herankommen kann, gibt es Fischsuppen. In Ungarn wird die „Haltszle“ aus Süßwasserfischen wie Karauschen, Karpfen und Welsen gekocht, während in der „Bouillabaisse“ aus Südfrankreich die besten Leckereien des Meeres auf den Tisch kommen.

Aber ob aus dem Süßwasser oder dem Meer - die Fischsuppe ist für Millionen von Menschen die tägliche Proteinquelle. Eine Fischsuppe ist nahrhaft und billig, sie füllt den Magen und führt dem Körper Wärme und Energie zu.

Bei der Fischsuppe bleiben die Vitamine, die wichtigen Mineralien und die Aromen erhalten. Und kaum eine Mahlzeit ist so offen für Improvisation und persönlichen Geschmack wie die Fischsuppe. Es gibt keine Vorschrift, wieviel von den einzelnen Zutaten wir verwenden müssen. Auch kann man die verschiedensten Fische vermischen.

Allerdings sollte mindestens eine Fischart in der Suppe fetthaltiges Fleisch besitzen, wie zum Beispiel Lachse oder Makrelen. Frische Muscheln oder Muscheln aus der Dose verleihen der Suppe einen angenehmen Seegeschmack. Etwas Crème fraîche gibt der Suppe einen herrlich sahnigen Geschmack, und eine Dose Krebssuppe macht sie zum Luxus. Auch Madeira, Sherry oder Cognac verfeinern eine Fischsuppe.

Am besten schmeckt Fischsuppe, nachdem sie einen Tag im Kühlschrank verbracht hat. Erst dann haben sich die Zutaten richtig vermischt. Die meisten Suppen lassen sich leicht einfrieren. Deshalb lohnt es sich, auf Vorrat zu kochen.

Eine traditionelle Fischsuppe ist in in einigen Gegenden Ungarn mindestens ebenso beliebt wie die berühmte Gulaschsuppe.

Fisch-Allerlei

ZUBEREITUNG:
Fische filetieren. Zwiebel kleinhacken. Pilze und Lauch in feine Ringe schneiden und in einer tiefen Pfanne in Öl anschmoren. Die geschälten Kartoffeln in kleine Würfel schneiden, zugeben und mit der Brühe angießen. Mindestens 10 Minuten andünsten, dann die Crème fraîche unterrühren. Die Fischfilets in Stücke schneiden und zugeben.
Weitere 10 Minuten garen lassen und mit Salz und gemahlenem Pfeffer würzen. Vorsichtig umrühren, damit der Fisch nicht zerfällt. Mit frischem Basilikum garnieren und heiß servieren. Dazu schmeckt ein knuspriges Brot und ein kühler Weißwein.

ZUTATEN (für 4 Personen):
2-3 Fische von mindestens einem Pfund
1 1/2 Liter Fischbrühe
1 Zwiebel
2 Eßlöffel Olivenöl
1 Stange Lauch
8-10 Champignons
Salz
5 mittelgroße Kartoffeln
grob gemahlener Pfeffer
1 Becher Cème fraîche

Bouillabaisse

Die Bouillabaisse zählt zu den berühmtesten Fischsuppen der Welt und man braucht mindestens fünf verschiedene Fischarten für diese Suppe.

Es gibt viele Rezepte für diese außergewöhnliche Suppe. Jeder glaubt, daß sein Rezept das beste für die Bouillabaisse sei. Wie auch immer, fest steht, daß Knoblauch, aromatische Kräuter, Safran, Weißwein und Olivenöl unbedingt dazugehören. Übrigens: Der englische Dichter William Thackeray war so begeistert von dieser Suppe, daß er ihr in seiner „Ballade von der Bouillabaisse" ein poetisches Denkmal setzte.

Lorbeer (oben) und Thymian gehören - mit anderen Gewürzen - in die Bouillabaisse.

ZUTATEN (für 4 Personen):
1 Kilo verschiedene Fische, zum Beispiel: Dorsch, Zander, Barsch, Hecht, Flunder, Makrele, Regenbogenforelle
2 Eßlöffel Tomatenmark
1/2 Liter Fischbrühe
1/2 Liter Wasser
1 Lorbeerblatt
1 Teelöffel Thymian
1 Teelöffel Basilikum
einige Fenchelsamen
1/2 Gramm Safran
1 Dose Krebssuppe
1 Dutzend Krabben (ungeschält)
1 Zwiebel
4-6 Knoblauchzehen
3-4 Eßlöffel Olivenöl
30 cl trockener Weißwein (Mit einem Fino Sherry wird der Geschmack einfach perfekt)
Salz und Pfeffer

ZUBEREITUNG:
Filetieren Sie den Fisch und schneiden Sie ihn in kleine Stücke. Schneiden Sie die Zwiebel in Scheiben und zerhacken Sie den Knoblauch. Braten Sie die Zwiebel mit einigen Fenchelkörnern in Olivenöl an und geben Sie dann das Wasser mit dem Safran und dem Tomatenmark dazu. Fügen sie das Lorbeerblatt, den Thymian und das Basilikum dazu, und lassen Sie alles bei niedriger Hitze für 15 Minuten köcheln.
Gießen Sie nun die Fischbrühe, die Krabbensuppe und den Wein dazu.
Zum Schluß kommen die Fischstückchen in die Suppe. Lassen Sie die Bouillabaisse für weitere 10-12 Minuten kochen. Etwa 5 Minuten vor Ende der Kochzeit schmecken Sie die Suppe mit Pfeffer und Salz ab, und geben Sie die Muscheln und Krabbben dazu.
Serviert wird die Suppe mit Toastbrot, das man in Knoblauchmayonnaise „dippt".

Schwedische Lachssuppe

Lachssuppe hat in der Provinz Halland an der schwedischen Westküste eine lange Tradition. Heute gilt der Lachs als Wahrzeichen der Provinz.

Lachssuppe ist lecker und einfach zuzubereiten. Entweder verwendet man die Reste vom Lachs - Kopf und Schwanzteil - oder nimmt die feinen Filets.

ZUTATEN

(für 6 Personen):
etwa 2 Kilo Lachs
5-6 Möhren
ein Stück Sellerie
2 Lauchstangen
4 mittelgroße Zwiebeln
Petersilie
4-5 Lorbeerblätter
1 Zitrone
10-15 weiße Pfefferkörner
Salz
ein Schuß trockener Sherry
(20 cl Sahne)

ZUBEREITUNG:

Bereiten Sie eine Brühe aus Kopf, Rückengräte und Schwanzflosse und einem Liter Wasser. 20 Minuten kochen lassen. Abschöpfen und abkühlen lassen.
Schälen Sie das Gemüse, und schneiden Sie es in feine Stückchen. Legen Sie es zusammen mit einem Lorbeerblatt und weißem Pfeffer in 1 1/2 Liter Salzwasser, und lassen Sie es auf niedriger Flamme ca. eine Stunde köcheln. Geben Sie nun die Fischbrühe, einen kräftigen Schuß trockenen Sherry und den in Stückchen geschnittenen Lachs dazu. Lassen Sie alles auf niedriger Flamme 10-15 Minuten kochen.
Eine sahnigere Variante erhalten Sie, wenn Sie nach dem Kochen 20 cl Sahne in die Suppe geben und vorsichtig umrühren.
Serviert wird die Lachssuppe mit Zitronenvierteln und gehackter Petersilie.

Forellensuppe

Auf die Idee, aus Forellen Suppe zu machen, sind die Skandinavier gekommen. Bei ihnen gibt's öfter Salmoniden satt. Und die edle Suppe aus Schweden läßt jede „Forelle blau" vor Neid erblassen.

ZUBEREITUNG:

Fisch bzw. Fische filetieren, die Filets entgräten. Fischreste (Köpfe, Mitttelgräten, Schwanzflosse) in 1 1/2 Liter Wasser ca. 20 Minuten auf kleiner Flamme auskochen. Den Sud durchsieben.
Petersilie kleinhacken (einige Blätter zum Garnieren zurücklegen). Lauch, Zwiebel, Möhre und Paprika würfeln, und mit der Hälfte der geschälten Mandeln in einer tiefen Pfanne in Butter anbraten. Mit dem Fischsud aufgießen, Lorbeerblätter, Oliven und gehackte Petersilie zugeben. Mit Salz und Pfeffer würzen. 10 Minuten köcheln lassen. Das Forellenfleisch in Würfel schneiden und in die Suppe geben. Weitere 10 Minuten auf kleiner Flamme ziehen lassen. Suppe vom Herd nehmen. Das Eigelb mit dem Sherry verschlagen und vorsichtig in die Suppe einrühren. Suppe mit den restlichen Mandeln und der restlichen Petersilie garnieren und sofort servieren.

ZUTATEN (für 4 Personen):

1-2 Kilo Regenbogenforellen
2 Teelöffel Butter
1 Stange Lauch
1 Zwiebel
1 kleine Möhre
1/4 rote Paprika
100 Gramm geschälte Mandeln
10 schwarze Oliven
1-2 Lorbeerblätter
1 Bund Petersilie
1 Eigelb
1 Schuß trockener Sherry
Salz, weißer Pfeffer

Pikante Barschsuppe

Barsche gehören zu den gesündesten Fischen. Sie enthalten viel Vitamin A und D, wichtige Aminosäuren, aber weniger als 1 Prozent Fett. So etwas Nahrhaftes gehört einfach in eine zünftige Wintersuppe.

Den Grundstock für die Suppe bildet das Fleisch kleiner Barsche, während die Koteletts eines größeren Fisches zur Sättigung beitragen. Reichlich Paprikagewürz sorgt für die „innere Wärme".
Auch kleinere Zander oder Hechte eignen sich gut. Kochen Sie reichlich Suppe! Die Reste lassen sich einfrieren oder am nächsten Tag aufwärmen – wenn wirklich etwas übrig bleiben sollte.

ZUTATEN (für 6 Personen):
10-12 kleine Barsche, ausgenommem und ohne Kiemen (Kopf und Flossen können ruhig dranbleiben)
1 größerer Fisch (1-1,5 Kilo Gewicht vor dem Ausnehmen)
2 Liter Wasser
2 Brühwürfel (Fischbrühe)
2 reife Tomaten
2 Knoblauchzehen
1/2 rote Paprika
2 mittelgroße Zwiebeln
2 Lorbeerblätter
10 cl trockener Weißwein
3-4 Eßlöffel Sonnenblumen- oder Olivenöl
150-200 Gramm geschälte Krabben
Salz
Paprikapulver, scharf und mild.

ZUBEREITUNG:
Die kleinen Fische bei geringer Hitze etwa 10 Minuten in Wasser garen. Währenddessen den großen Fisch vorbereiten: ausnehmen, schuppen und waschen, dann in fingerdicke Koteletts schneiden. In einer tiefen Pfanne zusammen mit den klein geschnittenen Tomaten (ohne Haut), Zwiebeln und Knoblauchzehen sowie Paprikastreifen in Öl anschmoren. Koteletts herausnehmen.
Bei den gekochten Barschen lösen Sie jetzt das Fleisch von Haut und Gräten.
Es wird in einem halben Liter Wasser im Mixer oder mit einem Pürierstab zerkleinert. Damit werden auch die letzten Gräten unschädlich gemacht.
Das geschmorte Gemüse und das „Fischmus" in einer geräumigen Kasserolle in 1 1/2 Liter Wasser erhitzen. Fügen Sie dann die Brühwürfel, Wein, Lorbeerblätter, Salz und Paprikapulver zu. Die Menge der Gewürze ist schwer abzuschätzen, etwa 2-3 Eßlöffel milder Paprika und bis zu einem Eßlöffel Rosenpaprika. Am besten würzen Sie nach und nach und schmecken zwischenzeitlich immer wieder ab.

Lassen Sie die Suppe zugedeckt etwa 30 Minuten lang köcheln. Geben Sie dann die Fischkoteletts und die Krabben zu, und lassen Sie diese noch weitere 10 Minuten ziehen. Serviert wird die Barschsuppe mit Weißbrot und einem gut gekühlten, trockenen Weißwein oder Sherry.

Feuriger Fisch

Die Ungarn lieben scharfes Essen. Das gilt auch für Fischgerichte. Wir stellen Ihnen eine würzige Suppe vor: die Haltszle.

ZUTATEN

(für 6-7 Personen):
4 mittelgroße Karauschen
2 Kilo Wels oder Karpfen am Stück
4 Zwiebeln
4 gelbe Paprikaschoten
Rosenpaprika-Pulver
Paprika-Paste oder starkes Paprika-Pulver
Salz
2 Fischsuppen-Würfel
3-4 Tomaten
Sonnenblumenöl
3 Liter Wasser

ZUBEREITUNG:

Die Karauschen filetieren, den Karpfen säubern und schuppen.
Die Zwiebeln in Scheiben, die Paprikaschoten in Streifen schneiden. Das Sonnenblumenöl in einem großen Topf erhitzen und das Gemüse anbraten. 2 Eßlöffel Rosenpaprika darüberstreuen. Jetzt die Karauschen-Filets in heißem Wasser kurz ziehen lassen. Das Fischfleisch in den Topf zum Gemüse geben und vorsichtig unterheben. 2 Fischsuppenwürfel in 1/2 Liter kochendem Wasser auflösen und über die restlichen Zutaten gießen.
Die Tomaten in Scheiben schneiden und zusammen mit der Paprikapaste oder dem scharfen Pulver in die Suppe geben. Die Haltszle sollte bei schwacher Hitze langsam köcheln und immer wieder umgerührt werden. Nachdem die Suppe ein wenig eingekocht ist, geben wir die restlichen 2 1/2 Liter Wasser dazu. Die Haltszle mit Salz und Paprikapulver abschmecken.
Nach dem Aufkochen die Hitze reduzieren und daumendicke Karpfen-Koteletts in die Suppe legen. Langsam weiterköcheln lassen. Die ungarische Suppe ist fertig, wenn das Karpfenfleisch gar ist.
Am besten schmeckt die scharfe Haltszle, wenn man sie mit einem Eisenkessel über offenem Feuer zubereitet. Sie wird stilecht im Freien mit reichlich Weißbrot gegessen.

Vom Wasser ans Feuer

Heute ist es oft so, daß für Angler die Küche in erreichbarer Nähe liegt, selbst wenn sie beim Angeln sind: entweder unter Deck im Boot, im Wohnmobil oder in der Anglerhütte. Das bedeutet, daß Angler ihre Beute direkt am Fischwasser verarbeiten können.

Natürlich ist es nichts Neues, Fische im Freien zu genießen. Das war der ursprüngliche Weg: vom Wasser direkt ans Lagerfeuer.

Dank der Technik ist die direkte Verarbeitung heute einfacher. Mit Hilfe von Flüssiggas (Propan oder Butan) haben wir die Möglichkeit, etwas wirklich Leckeres im Freien zuzubereiten. Wir müssen nicht die halbe Küche mitschleppen. Eine Bratpfanne, etwas Fett, Salz und Pfeffer reichen schon aus.

Angler, die den Tag mit ihren Kollegen beim gemeinsamen Verzehr der Beute ausklingen lassen wollen, sollten außerdem noch verschiedene Gewürze dabeihaben. Neben Pfeffer und Salz braucht man Mehl, Paniermehl und Eier. Außerdem Käse, Zwiebeln, Knoblauch, Zitrone und andere Gewürze, wie Rosmarin, Petersilie, Dill, Lorbeerblätter, Thymian und Paprika.

Weiter bieten sich ein Glas Meerrettich für den Hecht, Crème fraîche, ein Glas Mayonnaise und einige Flaschen Weißwein an. Diese Zutaten nehmen im Gegensatz zur restlichen Ausrüstung meist nicht viel Platz in Anspruch, bedeuten aber den Unterschied zwischen einer rustikalen Mahlzeit und einem Festschmaus.

Je nach Jahreszeit kann man sich auch aus dem Reichtum der Natur bedienen. Die jungen Sprossen der Birke eignen sich hervorragend als Füllung für den Zander. Wacholderbeeren und Tannennadeln verleihen dem Fisch einen würzigen Geschmack. Auch Pilze im Herbst, vor allem die Pfifferlinge, passen sehr gut zum Fisch.

Wenn wir in Südeuropa und den Mittelmeerländern herumreisen, findet man viele Gewürze auf Wiesen und Berghängen, für die man bei uns im Supermarkt viel Geld bezahlen muß. Sammeln Sie sich also einen Vorrat an Thymian, Rosmarin, Basilikum, Anis und Lorbeer.

Ein kleines Lagerfeuer direkt am Wasser (rechts), ein paar Gewürze, Alufolie und natürlich frischer Fisch, fertig ist die Anglermahlzeit (oben).

Zander schmeckt auch als rustikaler Steckerlfisch (oben). Etwas feudaler geht's im Wohnwagen zu (links).

Spanischer Räuber

An den Küsten Irlands, Englands und Spaniens sind Brandungsangler vor allem hinter einem Räuber her, dem Wolfsbarsch.

Wenn man im Ausland Urlaub macht, sollte man immer ein offenes Ohr für die Fischspezialitäten vor Ort haben. Das folgende Rezept verriet uns eine Fischersfrau aus Galizien an der Nordwestküste Spaniens, nachdem wir eine Nacht auf Wolfsbarsch geangelt hatten: „Lubina en salsa verde", Wolfsbarsch in grüner Sauce. Später haben wir dieses Rezept auch mit Dorschen und Zandern getestet - zu unserer vollsten Zufriedenheit.

ZUTATEN

(für 2-3 Personen):
1 Kilo Wolfsbarsch (ersatzweise Dorsch, Zander oder Hecht)
100 ml Olivenöl
3 Knoblauchzehen
1 kleines Bund Petersilie
200 ml kleine Erbsen (aus der Dose)
100 ml Weißwein
1 Ei
1 Zwiebel

ZUBEREITUNG:

Schneiden Sie den Fisch in dünne Koteletts. Salzen Sie ihn, und lassen Sie das Salz für ca. eine Stunde einziehen. Spülen Sie nun den Fisch ab, und kochen Sie den Fisch in Wasser mit einer halben Zwiebel 20 Minuten auf. Lassen Sie das Ei die ersten 10 Minuten mit in der Kasserolle kochen. Nehmen Sie es dann heraus, und lassen Sie es abkühlen. Wenn der Fisch gar ist, gießen Sie das Wasser ab. Bereiten Sie nun die Soße.

Hacken Sie die Knoblauchzehen, die Petersilie und das hartgekochte Eigelb klein. Geben Sie die Erbsen, das Olivenöl, den Wein, etwas schwarzen Pfeffer dazu, und vermischen Sie das Ganze. Legen Sie den Fisch in eine tiefe Schüssel, und gießen Sie die grüne Soße darüber. Garnieren Sie das Gericht mit Zitronen und Oliven und reichen Sie Weißbrot zum Fisch. Dazu trinken wir einen Ribeiro-Wein aus Galizien, eine hervorragende Kombination.

PROPRIÉTAIRE RÉCOLTANT

Orangenhecht

Mit süßen Orangen verleiht man dem urigen Hecht einen exotischen Geschmack. Mit anderen Worten: das perfekte Rezept für die „Ufer-Küche".

ZUTATEN

1 Hecht (geputzt und enthäutet)
Orangen (genug Saft, um die Hechtstücke damit zu bedecken)
Zitrone
Mehl, Salz, Pfeffer, Thymian
Butter und Olivenöl

ZUBEREITUNG:

Den Fisch putzen, enthäuten und in Koteletts schneiden. Die Hechtkoteletts ungefähr eine halbe Stunde in eine Marinade aus Orangensaft, Salz, Pfeffer, 2-3 Zitronenscheiben und Thymian einlegen.

Dann in Mehl wenden und in Butter von beiden Seiten braten. Während des Bratens je nach Geschmack noch nachwürzen.

Eine ausgezeichnete Alternative zur Butter ist Olivenöl. Dann muß man die Koteletts extra würzen, bevor sie in Mehl gewendet werden.

Der Orangenhecht schmeckt delikat, wenn er kurz und heiß gebraten wird.

Gebratene Forelle

Ausnehmen und braten, das ist das älteste Rezept der Welt. Forellen eignen sich dazu wie kaum ein anderer Fisch. Und je frischer sie sind, desto besser schmecken sie.

ZUBEREITUNG:

Säubern Sie die Forelle(n). Kopf und Flossen bleiben dran. Ist ein Fisch länger als Ihre Pfanne, wird er geteilt. Salzen und pfeffern Sie den Fisch leicht, und füllen Sie ihn mit einigen Käsescheiben und einem halben Lorbeerblatt.
Braten Sie den Fisch bei niedriger Flamme von beiden Seiten. Zusammen mit Zitronenvierteln, die man über dem Fisch auspressen kann, kommt die Forelle auf den Tisch.

ZUTATEN

Bach- oder Regenbogenforelle
reifer Käse
Salz
schwarzer Pfeffer
ein Lorbeerblatt
Zitrone
Öl oder Butter

Gegrillter Schwarzbarsch

Der Schwarzbarsch ist nicht nur Amerikas beliebtester Sportfisch, sondern auch eine Bereicherung für die Küche.

Der Fisch mit dem großen Maul und dem festen weichen Fleisch ist in Europa nur im Süden zu Hause. Das folgende Rezept entstand auf einer Schwarzbarsch-Tour in Spanien. Da unsere Küchenzutaten am Wasser zur Neige gingen, mußten wir improvisieren. Unsere spanische Schwarzbarsch-Mahlzeit verspeisten wir bei Nacht zum Konzert der Grillen. Ab und zu hörte man vom nahen See ein Platschen, ein Zeichen dafür, daß der Schwarzbarsch auch nachts aktiv ist.

ZUTATEN

1 Schwarzbarsch
Weißwein
Knoblauchpulver
Tannennadeln
Öl, Salz und Pfeffer

ZUBEREITUNG:

Säubern Sie den Fisch (Kopf und Flossen nicht abschneiden). Gießen Sie etwas Wein in die Bauchhöhle des Fisches, danach streuen Sie etwas Knoblauchpulver, Salz und zermahlenen schwarzen Pfeffer ein. Wenn das Lagerfeuer bis auf die Glut runtergebrannt ist, geben Sie etwas Öl und einige Tannennadeln in die Bratpfanne. Stellen Sie die Pfanne mit dem Fisch über die Glut, und grillen Sie den Fisch auf beiden Seiten. Wenn man den Rücken des Fisches mit einem Messer öffnet und sich das Fleisch von den Gräten löst, ist der Fisch fertig.

Hier finden Sie
(jeweils in alphabetischer Reihenfolge)
REZEPTE für: